CHEIKH ANTA DIOP

LES FONDEMENTS ÉCONOMIQUES ET CULTURELS D'UN ÉTAT FÉDÉRAL D'AFRIQUE NOIRE

Édition revue et corrigée

PRÉSENCE AFRICAINE
25 bis, rue des Écoles, 75005 Paris

ISBN 978-2-7087-0535-0

© Présence Africaine, 1960
   pour la première édition

© Présence Africaine, 1974
   pour cette édition revue et corrigée

INTRODUCTION

Nos idéologues n'ont pas su faire progresser d'un pas la théorie révolutionnaire en Afrique Noire. En effet, serait-on armé d'une méthode scientifique d'analyse aussi féconde que la dialectique marxiste (à supposer qu'on l'ait suffisamment assimilée) qu'on l'appliquerait en vain à une réalité que l'on ignore totalement. Or, pendant longtemps, nombre de compatriotes ont cru pouvoir faire l'économie d'une connaissance approfondie de la société africaine et de l'Afrique sous tous leurs aspects : passé, langues, ethnies, potentiel énergétique, matières premières, etc. Aussi, les conclusions auxquelles on aboutit sont-elles souvent d'une banalité navrante, lorsqu'elles ne sont pas purement et simplement erronées. On croit pouvoir ainsi suppléer à l'absence d'idées, de souffle, de perspectives révolutionnaires par un langage injurieux, extravagant et ténébreux, oubliant que la qualité essentielle du langage authentiquement révolutionnaire est la clarté démonstrative fondée sur l'objectivité des faits, leurs rapports dialectiques, et qui entraîne irrésistiblement la conviction du lecteur lucide.

C'est en février 1952, alors que j'étais secrétaire général des Etudiants du R.D.A. que nous avons posé le problème de l'indépendance politique du continent noir et celui de la création d'un futur Etat Fédéral[1].

Cet article qui n'était alors que le résumé de «Nations Nègres», en cours de publication, traitait des aspects politique, linguistique, historique, social, etc. de la question.

Il est certain qu'à l'époque, les députés malgaches et le leader camerounais, Ruben Um Nyobé, mis à part, aucun homme politique africain noir francophone n'osait encore parler d'indépendance, de culture, oui de culture et de Nations africaines. Les déclarations qui ont cours aujourd'hui, à ce sujet, frisent l'imposture et sont, pour le moins, des contre-vérités flagrantes.

Il serait édifiant de faire l'historique de ces notions employées positivement, et non pour être réfutées, sous la plume des « pères » de l'indépendance africaine, même s'ils antidatent leurs écrits.

Si les priorités indiquées dans ce livre avaient été prises en considération, au moment opportun, surtout en ce qui concerne l'équipement hydroélectrique, l'Afrique Noire serait aujourd'hui à l'abri des difficultés économiques engendrées par la crise du pétrole et la sécheresse.

Un plan rationnel d'industrialisation consiste à équiper d'abord les immenses sources d'énergie dont la nature a doté l'Afrique et à rendre ainsi possible tout le processus de développement : au commencement est l'énergie, tout le reste en découle. Si l'utilisation de cette énergie abondante est un problème pour les sociétés privées qui se placent sous l'angle de la rentabilité

---

1. «Vers une idéologie politique en Afrique Noire», paru dans La voix de l'Afrique Noire, organe des Etudiants du R.D.A., Paris, février 1952.

externe, pour un pays en voie de développement, devant stimuler de multiples activités et créer tous les organes indispensables pour son entrée dans l'ère industrielle, l'idée d'un excédent d'énergie est un non-sens.

PREMIÈRE PARTIE

UNITÉ HISTORIQUE :
RESTAURATION DE LA CONSCIENCE
HISTORIQUE AFRICAINE

Le moment est venu de tirer les conclusions pratiques de tant d'années d'études des problèmes africains, de les ramasser en formules aussi claires que possible, afin de faciliter leur utilisation.

PREMIER CHAPITRE

ORIGINE ET HISTOIRE DU MONDE NOIR

Selon toute vraisemblance, les peuples africains actuels ne sont nullement des envahisseurs venus d'un autre continent; ils sont tous autochtones. Les dernières découvertes scientifiques qui font de l'Afrique le berceau de l'humanité excluent de plus en plus la nécessité de peupler le continent africain à partir des autres.

Depuis l'apparition de l'*homo sapiens*, de la haute préhistoire à nos jours, nous pouvons retracer nos origines en tant que peuple, sans solution de continuité notable. A la haute préhistoire, dans un puissant mouvement sud-nord, les peuples africains, partis de la région des Grands Lacs, se sont glissés dans le bassin du Nil. Ils y ont vécu en grappes pendant des millénaires.

Aux temps proto-historiques, ils créèrent la civilisation soudanaise nilotique et la civilisation égyptienne.

Ces premières civilisations nègres furent aussi les premières du monde, l'évolution de l'Europe ayant été retardée par la dernière glaciation, qui a duré 100000 ans.

A partir du vi^e siècle avant J.-C. (525, occupation de l'Egypte par Cambyse), avec la fin de l'indépendance de la grande métropole noire, les peuples africains, qui étaient jusque-là retenus dans la vallée du Nil comme par un aimant, irradient le continent dans toutes les directions. Y ont-ils trouvé des îlots de populations issues d'infiltrations remontant au paléolithique et au néolothique ?

Quelques siècles plus tard, aux environs du premier siècle, ils fondèrent les premières civilisations continentales de l'ouest et du sud : Ghana, Nok-Ifé, Zimbabwé, etc.

On sait maintenant, grâce aux mesures effectuées par la méthode du radio-carbone, que les premiers sites de Zimbabwé remontent au moins au 1er siècle de l'ère chrétienne. Sur la côte orientale de l'Afrique, on a retrouvé des pièces de monnaie romaine, indice d'un commerce florissant, au port de Dunford, ainsi qu'à Zanzibar.

La première civilisation du Nigéria, celle que Bernard et William Fagg nomment la civilisation de « Nok » remonte au moins au premier millénaire avant J.-C. d'une façon certaine. C'est la méthode du radio-carbone qui a permis, ici aussi, de dater les céramiques de cette civilisation et de les situer entre 900 avant J.-C. et 200 après. Le *Tarikh es-Soudan* nous apprend que la ville de Koukia, sur le Niger, l'ancienne capitale du Songhaï avant Gao, est contemporaine de l'époque pharaonique. Quoi qu'il en soit, nous savons qu'au viiie siècle après J.-C., l'empire de Ghana existait déjà et s'étendait sur tout l'Ouest africain, jusqu'à l'océan Atlantique. On voit donc que les États africains du Moyen Âge surgissent pratiquement dès la fin de l'antiquité soudano-égyptienne. Le Soudan nilotique ne perdra même son indépendance qu'au XIXe siècle, tandis que son ancienne province orientale, l'Ethiopie, ne connaîtra que l'éclipse de l'occupation italienne de 1936, en dehors de laquelle elle n'aura jamais perdu son indépendance. À ce titre, l'Ethiopie est effectivement le plus vieil État du monde. Ghana durera du IIIe siècle environ après J.-C. jusqu'en 1240. Le Mali lui succède à partir de cette date jusqu'en 1464 (avènement de Soni-Ali, fondateur de la grandeur du Songhaï).

Le démembrement de ces empires s'achève au XIXe siècle avec l'occupation effective de l'Afrique par l'Europe. Le morcellement s'accentue et on assiste à l'apparition de royaumes minuscules, pourtant jaloux de leur indépendance, comme celui du Cayor, au Sénégal, conquis par Faidherbe sous Napoléon III, après une lutte extrêmement dure. Les royaumes de l'Afrique orientale, avec leurs cités commerçantes sur la côte, prospérèrent de la fin de l'Antiquité jusqu'aux XVe et XVIe siècles pour péricliter avec l'arrivée des Portugais. Ils entretenaient un commerce florissant avec l'Inde, le Siam et l'extrême Asie chinoise, comme en font foi les chroniques et les porcelaines chinoises trouvées sur les lieux. Nous avons de la peine, aujourd'hui, à nous faire une idée de l'opulence des cités commerçantes authentiquement noires de l'époque. D'après le R.P. Mathews, d'Oxford, rapportant la tradition swahili, dans ces villes, on accédait à des lits d'ivoire par des escaliers d'argent. Le luxe du mobilier est à peine imaginable aujourd'hui. Les maisons étaient en pierre et pouvaient avoir jusqu'à quatre et cinq étages.

Les habitants étaient des Africains authentiques, avec la peau d'un noir de jais. Les femmes étaient rasées, comme au Ghana. Ces civilisations périclitèrent au XVIe

siècle, avec l'arrivée des Portugais, qui ont modifié les anciennes routes maritimes et commerciales de l'océan Indien. La conception de l'histoire africaine qui a été résumée sommairement ci-dessus est aujourd'hui pratiquement acceptée et intégrée par les savants :

« La culture négro-africaine a donné au monde entier un exemple d'extraordinaire vitalité et vigueur. Toutes les conceptions vitalistes, religieuses comme philosophiques, sont, j'en suis convaincu, sorties de cette source. La civilisation de l'ancienne Egypte ne serait pas possible sans le grand exemple de la culture négro-africaine, et elle n'en fut, très probablement, que la sublimation[2]. »

L'histoire du Soudan nilotique, celle de l'Egypte et de l'Ethiopie actuelle nous sont suffisamment connues

Jusqu'à ces dernières années, le passé de l'Ouest africain était raconté d'une façon relativement sèche. C'est pour cela que nous avons cru devoir l'animer sur la base des documents dont nous avons pu disposer, en faisant une analyse socio-historique sur une période de 2 000 ans.

L'ancienne organisation politique, économique et sociale de l'Afrique Noire depuis 2 000 ans, l'organisation administrative, militaire, judiciaire, l'organisation de l'enseignement, le niveau universitaire et technique, les usages et les fastes de la vie de cour, les mœurs et coutumes, tant de faits que l'on croyait à jamais perdus dans la nuit des temps, nous avons pu les ressusciter de façon saisissante, scientifique, dans *L'Afrique Noire pré-colo-*

---

2. Georges Gurvitch, professeur à la Sorbonne. Message au 2e Congrès des Ecrivains et Artistes Noirs tenu à Rome en avril 1959. N° spécial de la revue Présence Africaine.

niale[3], pour tout l'Ouest africain en particulier. Un travail similaire doit être entrepris pour toute la civilisation du Bénin-Ifé. L'intérêt principal de l'étude de la civilisation du Bénin est que, jusque dans sa superstructure idéologique, elle n'a rien emprunté ni au monde sémitique, ni au monde aryen. Elle présente, par contre, une étroite parenté avec l'ancienne Egypte, comme on pouvait s'y attendre; son art représente, dans une certaine mesure, le classicisme sculptural africain.

Le même travail d'exhumation et d'animation de notre histoire pour une période qui s'étend également de la fin de l'Antiquité jusqu'à nos jours, peut et doit être entrepris d'une façon systématique pour toute l'Afrique orientale, centrale et méridionale.

Les documents égyptiens, grecs, romains, persans, chinois, arabes, dont on dispose, complétés par les fouilles de l'archéologie, permettent de le faire dans une large mesure. On voit ainsi que nulle part il n'y a de trous impossibles à combler dans l'histoire africaine. Les lacunes ne sont que provisoires et la période qui nous intéresse, celle dont nous avons une conscience plus ou moins confuse, s'étend sans solution de continuité jusqu'à l'Antiquité soudano-égyptienne et s'y imbrique.

La conscience historique est donc dûment restaurée. Le cadre général de l'histoire africaine est retracé. L'évolution des peuples est connue dans ses grandes lignes, mais il faudra que les recherches déjà entre-

---

3. Editions Présence Africaine, Paris, 1960. Cet ouvrage démontre pour la première fois la possibilité d'écrire une histoire non événementielle de l'Afrique Noire. Le modèle d'études qu'il a inauguré a été aussitôt repris par divers historiens qui, bien sûr, se gardent de le citer.

prises soient poursuivies de façon à combler les lacunes mineures qui existent encore, que le cadre lui-même soit fortifié. Quoi qu'il en soit, d'ores et déjà, l'Africain ne voit plus derrière lui la nuit noire: il peut suivre pratiquement l'évolution historique de son peuple, de la préhistoire à nos jours.

L'unité historique est ainsi démontrée.

L'unité psychique qui en découle pour tous les habitants du continent noir et qui est sentie par chacun de nous, est un fait élémentaire qui se passe de démonstration.

L'unité géographique est aussi évidente, impliquant elle-même l'unité économique. De cette dernière, il est question dans les pages consacrées à l'industrialisation de l'Afrique.

Si l'on envisage l'organisation de la famille africaine précoloniale, celle de l'Etat, les conceptions philosophiques et morales, etc., on constate une unité culturelle évidente, découlant d'une adaptation similaire aux mêmes conditions matérielles d'existence.

L'ensemble de ces aspects a été examiné dans *L'unité culturelle de l'Afrique Noire*[4].

Il existe également un fond linguistique commun. Les langues africaines présentent la même unité et constituent une même grande famille linguistique aussi homogène que celle des langues indo-européennes. Rien n'est plus facile que d'établir les lois qui permettent de passer d'une langue zoulou (bantou) à une langue de l'Ouest africain (sérère-walaf, peulh) et même à l'ancien égyptien (cf. *L'Afrique Noire pré-coloniale*, IIe partie). Cependant, les anciennes langues d'empire : sarakollé pour le

---

4. Editions Présence Africaine, Paris, 1960.

Ghana, mandingue pour le Mali, songhaï pour Kaoga (Gao), ont vu leur aire d'extention extrêmement réduite aujourd'hui. À l'apogée de ces empires africains, les langues d'empire, d'administration, de commerce, étaient des langues africaines proprement dites, l'arabe étant toujours resté, même après l'islamisation, la langue religieuse et intellectuelle, comme le latin pour l'Europe de l'époque.

Mais avec l'occupation européenne, au XIXe siècle, les anciennes langues africaines d'administration furent remplacées par celles des différentes métropoles. Les dialectes remontèrent en surface et rivalisèrent avec les anciennes langues de culture qui les avaient pratiquement submergés. Il devient de moins en moins nécessaire administrativement, politiquement, socialement, d'apprendre ces dernières. Les exigences de la vie quotidienne obligent plutôt à apprendre, maintenant, les langues européennes; ainsi, la dégradation des anciennes unités linguistiques atteint son paroxysme aujourd'hui. Tandis que nous pouvons construire un Etat fédéral africain à l'échelle du continent noir sur la base de notre unité historique, psychique, économique et géographique, nous sommes obligés, pour parfaire cette unité nationale, pour la fonder sur une base culturelle autochtone moderne, de recréer notre unité linguistique par le choix d'une langue africaine appropriée que nous élèverons au niveau d'une langue moderne de culture, selon les procédés ci-dessous.

L'unité linguistique domine toute la vie nationale. Sans elle, l'unité nationale et culturelle n'est qu'illusoire, fragile. Les tiraillements culturels de la Belgique le prouvent.

CHAPITRE II

UNITÉ LINGUISTIQUE

1° CHOIX D'UNE LANGUE A L'ÉCHELLE LOCALE, DANS LE CADRE D'UN TERRITOIRE DONNÉ

Je prends le Sénégal comme exemple d'étude. Il a fallu, avant tout choix, démontrer la parenté des différentes langues parlées sur le territoire du Sénégal - ce qui n'est pas également aisé, du reste, pour n'importe quel territoire donné. Quoi qu'il en soit, en établissant les lois linguistiques qui permettent de passer d'une façon systématique des formes walafs aux formes sérères, peulh-toucouleurs et diolas, nous avons démontré la parenté profonde qui unit les différentes fractions du peuple sénégalais.

L'importance de cette démonstration réside dans le fait qu'elle nous révèle une parenté dont l'ignorance a maintenu vivaces jusqu'à présent des particularismes (sérère, diola ou toucouleur), qui ont parfois la force d'un véritable micro-nationalisme. Dans un pays comme le Sénégal, en toute objectivité, le choix du walaf s'impose comme langue nationale, comme langue de gouvernement : toutes les minorités sont pratiquement bilingues et parlent le walaf. On voit ainsi que, suivant le contexte local, des langues de culture, comme le toucouleur-peulh, entrent dans la catégorie des groupes minoritaires, tandis qu'il en est autrement dès qu'il s'agit de régions telles que le Fouta-Djallon ou le Nord-Cameroun.

2° ELÉVATION DE LA LANGUE CHOISIE AU NIVEAU D'UNE LANGUE MODERNE DE CULTURE ET DE GOUVERNEMENT

C'est en walaf que des chercheurs travaillent à introduire, aujourd'hui, de façon systématique, tous les concepts indispensables à l'expression des sciences exactes (mathématiques, physique), de la philosophie, etc.

Un gouvernement sénégalais approprié pratiquera un jour systématiquement une politique culturelle visant à favoriser le développement de la langue dans les meilleurs délais. Pour ce, il sera nécessaire d'employer des moyens artificiels mais efficaces, comme la création de prix littéraires, la traduction d'ouvrages scientifiques, la création d'une commission nationale compétente pour la rédaction d'un dictionnaire académique, celle de différents dictionnaires : de mathématiques, de physique, de philosophie, etc.

Mais, d'ores et déjà, nous devons entreprendre ce travail à une échelle plus réduite, afin d'administrer une fois pour toutes la preuve de la possibilité d'élever une langue africaine au niveau de n'importe quelle langue européenne de culture. Ainsi, les travaux qui ont été faits en walaf dans ce domaine, et qui sont poursuivis, n'ont qu'une valeur d'exemple. Ils doivent être repris judicieusement dans le cadre de chaque territoire. On appliquera les mêmes critères de sélection pour le choix de la langue territoriale, on fera la même étude préalable du terrain linguistique, ethnique, etc., de manière à réduire les susceptibilités régionales.

Le walaf devra devenir le plus rapidement possible la langue de gouvernement utilisée dans tous les actes publics et politiques : interventions au parlement, rédaction de la constitution, du code, etc.

Nous subissons, jusqu'ici, les séquelles de l'époque où il était indispensable de connaître la langue de la métropole pour être éligible à une fonction de la vie publique, en particulier à la députation. La participation aux débats du parlement français rendait cela nécessaire. Mais il est paradoxal de maintenir cet état de chose dans un Etat africain donné.

En effet, la majeure partie de la population de n'importe quel territoire ignore encore totalement le français et l'on voit qu'une représentation du peuple, fondée sur des critères anciens, est inadéquate, injuste; c'est presque une manière commode d'éviter, aussi longtemps que possible, d'entendre les véritables doléances du peuple illettré, mais non dépourvu de bon sens.

3° CHOIX D'UNE LANGUE A L'ÉCHELLE DU CONTINENT

Lorsque nos démonstrations seront suffisamment avancées en walaf, la preuve sera faite que, le moment venu, on pourra choisir d'une façon appropriée l'une des principales langues africaines afin de l'élever au niveau de langue unique de gouvernement et de culture à l'échelle du continent; elle couvrira toutes les langues territoriales de la même façon que le russe se superpose à la langue de chaque république soviétique.

Le choix d'une telle langue devra incomber à une commission interterritoriale compétente, inspirée par un très profond sentiment patriotique, à l'exclusion de tout chauvinisme déguisé.

La langue ainsi choisie sera d'abord enseignée dans le secondaire, dans tous les territoires, au même titre qu'une langue vivante rendue obligatoire. Au fur et à mesure que les manuels des différentes disciplines seront rédigés en cette langue, que les programmes du secondaire et du supérieur y seront intégrés, elle se substituera dans l'enseignement officiel aux anciennes langues européennes comme support de notre culture nationale moderne. Ainsi, les langues européennes ne disparaissent pas de notre enseignement, mais elles tombent progressivement au rang de langues vivantes facultatives, au niveau du secondaire.

De cette façon, le ressortissant d'un territoire donné est obligé d'apprendre et de parler couramment la langue continentale, mais il a la faculté de recevoir l'enseignement secondaire et même supérieur dans sa langue territoriale.

Les écrivains et artistes noirs, lors de leur Congrès à Rome (Pâques 1959), et la F.E.A.N.F., lors de son séminaire de juillet 1959 à Rennes, ont adopté officiellement cette position.

Pendant la période transitoire, on continuera à pratiquer les langues européennes; mais il faudra éviter de rendre durable cette situation; cela conduirait à faire de l'Afrique une macro-Suisse.

Il n'est nullement plus pratique de préconiser l'usage simultané du français, de l'anglais, du portugais, de l'espagnol et de l'afrikaans. Et pour quelles raisons préconiserait-on l'usage exclusif du français ou de l'anglais ?

Nous devons être extrêmement circonspects à l'égard des tentatives discrètes de saxonisation de l'Afrique Noire, compte tenu de l'étendue des territoires de colonisation britannique. L'effort conjugué de l'Angleterre, et des Etats-Unis surtout, tend à bouleverser les habitudes « intellectuelles » et à amener ainsi les anciennes colonies françaises, portugaises, etc., à opter pour l'anglais de manière que l'unification linguistique se fasse à partir de cette langue. Mais l'unité linguistique sur la base d'une langue étrangère, sous quelque angle qu'on l'envisage, est un avortement culturel. Elle consacrerait irrémédiablement la mort de la culture nationale authentique, la fin de notre vie spirituelle et intellectuelle profonde, pour nous réduire au rôle d'éternels pasticheurs ayant manqué leur mission historique en ce monde. D'autre part, l'hégémonie culturelle, économique, sociale et même politique anglo-saxonne, serait définitivement garantie en Afrique Noire.

C'est pour cela que nous devons être radicalement hostiles à toutes les tentatives d'assimilation culturelle venant de l'extérieur : aucune n'étant possible à l'exclusion de l'autre.

On pourrait penser qu'il revient au même pour un Africain qui parle walaf, par exemple, d'adopter le zoulou ou l'anglais ou le portugais. Il n'en est rien. Un Africain éduqué dans une autre langue africaine de culture quelconque, qui n'est pas la sienne, est moins aliéné, culturellement parlant, que s'il l'était dans une langue européenne avec perte définitive de sa langue maternelle. De même, un Français éduqué en italien serait moins aliéné que s'il l'était en zoulou ou en arabe avec perte définitive du français. Telle est la différence d'intérêt culturel qui existe entre langues européennes et africaines et que nous ne devons jamais perdre de vue.

Il ne faut pas considérer les langues européennes comme de riches diamants enfermés sous une cloche et dont les brillants reflets nous aveuglent; l'attention doit être fixée plutôt sur le processus historique de leur formation. Notre raison devient alors créatrice en s'apercevant que de telles voies sont praticables par tous.

L'influence de la langue est si importante que les différentes métropoles européennes pensent qu'elles peuvent sans grand dommage se retirer politiquement de l'Afrique d'une façon apparente, en y restant d'une façon réelle dans le domaine économique, spirituel et culturel.

On envisage dans cette dernière perspective que l'ancienne colonie gardera officiellement la langue de la métropole; le contraire serait décevant, ingrat, inacceptable. Tout ce qui précède prouve qu'un tel dessein est impossible à réaliser, mais que les anciennes colonies n'en continueront pas moins à apprendre les langues de leurs anciennes métropoles respectives dans le cadre de l'enseignement secondaire. Il ne s'agit donc nullement d'une coupure culturelle radicale.

En se fondant sur notre indolence intellectuelle et les difficultés énormes à vaincre pour maîtriser la mosaïque linguistique africaine, certains observateurs européens sont persuadés que nous ne serons pas à la hauteur des circonstances, que nous serons incapables de dominer une situation qui exige tant d'énergie humaine, tant de lucidité intellectuelle, tant de pensée créatrice. Si leur attitude ne va pas jusqu'au ricanement, ils n'en sont pas moins convaincus de la faillite de la culture africaine.

La capitulation culturelle est un fait acquis, compte tenu de notre ignorance des problèmes vitaux qui n'épargne même pas certains responsables politiques. Indépendance politique, dans une certaine mesure, oui, pensent-ils maintenant. Mais rien de ce qui fait la grandeur des nations modernes dans le domaine de la culture nationale et même de l'infrastructure économique ne saurait, en fin de compte, exister chez nous.

Par contre, ils s'attendent bel et bien à l'apparition et au maintien de cette mixture culturelle et ils entendent déjà retentir à leurs oreilles les expressions pseudo-dialectiques par lesquelles on tentera de légitimer un tel état de fait au nom de l'efficacité, du progrès[5], de l'unification planétaire, etc.

Notre génération n'a pas de chance, si l'on peut dire, en ce sens qu'elle ne pourra pas éviter la tempête intellectuelle; qu'elle le veuille ou non, elle sera amenée à prendre le taureau par les cornes, à débarrasser son esprit des recettes intellectuelles et des bribes de pensée, pour s'engager résolument dans la seule voie vraiment dialectique de la solution des problèmes que l'histoire lui impose.

Cela suppose une activité de recherche, au sens le plus authentique, des esprits lucides et féconds,

---

5. Cf. *Nations nègres et culture*, ɪɪ⁰ partie, où sont démontrés la plus grande rapidité d'assimilation des techniques modernes par l'adoption des langues nationales, et les multiples avantages que l'usage systématique de celles-ci présente sur celui des langues européennes dans le domaine de la scolarisation du peuple. (Ed . Présence Africaine.)

capables d'atteindre des solutions efficaces et d'en être conscients par eux-mêmes, sans la moindre tutelle intellectuelle.

C'est la conjoncture historique qui oblige notre génération à résoudre dans une perspective heureuse l'ensemble des problèmes vitaux qui se posent à l'Afrique, en particulier le problème culturel. Si elle n'y arrive pas, elle apparaîtra dans l'histoire de l'évolution de notre peuple, comme la génération de démarcation qui n'aura pas été capable d'assurer la survie culturelle, nationale, du continent africain ; celle qui, par sa cécité politique et intellectuelle, aura commis la faute fatale à notre avenir national : elle aura été la génération indigne par excellence, celle qui n'aura pas été à la hauteur des circonstances. Contrairement aux apparences, le choix d'une langue continentale unique qu'il suffirait à n'importe quel étranger d'apprendre, qu'il soit Français, Anglais, Russe, Indien, Chinois, Japonais, Allemand, Hollandais, Espagnol, Portugais, Italien, etc., pour pouvoir communiquer avec n'importe quel Africain de n'importe quel coin du continent noir, conduirait donc parfaitement à une simplification de nos relations avec le monde extérieur : les relations internationales, au lieu de s'en trouver compliquées, comme on le voit, seraient plutôt facilitées.

CHAPITRE III

UNITÉ POLITIQUE ET FÉDÉRALISME

La signification historique des mouvements de libération nationale dans les colonies, et en particulier en Afrique Noire, n'est plus contestée. On admet maintenant que ce puissant mouvement de décolonisation est aussi significatif, aussi historique que les mouvements nationaux européens du XIXᵉ siècle.

Aussi, sauf dans les colonies de peuplement où on est contraint de le faire, à quelques exceptions près on s'oppose de moins en moins par la violence à son développement. La nouvelle tactique consiste plutôt à l'orienter, à le canaliser vers des structures non socialistes, de type dit occidental. Si ce but devait être atteint, les anciennes métropoles et les Etats-Unis pourraient se rassurer. L'Afrique Noire serait non balkanisée, car les régimes politiques des Balkans sont relativement stables, mais sud-américanisée. Elle verrait une prolifération de petits Etats dictatoriaux sans liens organiques, éphémères, affligés d'une faiblesse chronique, gouvernés par la terreur à l'aide d'une police hypertrophiée, mais sous la domination économique de l'étranger, qui tirerait ainsi les ficelles à partir d'une simple ambassade, comme ce fut le cas au Guatémala, où l'on assista à cette situation extraordinaire : une simple compagnie étrangère, l'United Fruit (U.S.A.), renversa le gouvernement local pour lui substituer un autre à sa convenance, en liaison avec l'ambassade américaine, prouvant ainsi la vanité de la prétendue indépendance d'un tel Etat[6].

Pour éviter un tel sort à l'Afrique Noire, l'idée de fédération doit refléter chez nous tous, et chez les responsables politiques en particulier, un souci de survie (par le moyen d'une organisation politique et économique efficace à réaliser dans les meilleurs délais), au lieu de n'être qu'une expression démagogique dilatoire répétée sans conviction du bout des lèvres.

Il faut cesser de tromper les masses par des rafistolages mineurs et accomplir l'acte qui consomme la rupture avec les faux ensembles (Communauté, Commonwealth, Eurafrique) sans lendemain historique. Il faut faire basculer définitivement l'Afrique Noire sur la pente de son destin fédéral.

On ne peut pas continuer à ménager « la chèvre et le chou »; les Etats africains, dans les années à venir, seront amenés à renforcer progressivement.

Cela ne conduira nullement au chaos économique. Rien que l'Afrique Occidentale fédérée possède un potentiel économique supérieur à celui de la France et de l'Angleterre réunies, c'est-à-dire à celui des nations qui nous menacent de sanctions économics. Bien sûr,

---

6. Depuis que ces lignes ont été écrites, l'Afrique Noire est effectivement entrée dans le processus de sud-américanisation. leurs liens organiques fédéraux au détriment de ce qui reste de leurs liens avec les anciennes métropoles.

il y a la mise en valeur de ce potentiel économique. Cela pose des problèmes de cadres et d'investissements. Mais, dans la partie technique de ce résumé (p. 51), est indiqué le chemin qui peut mener au succès d'une telle entreprise. Ce sont seulement les responsables politiques qui ne sont pas à la hauteur de ces problèmes, qui, au fond, n'y ont jamais réfléchi sérieusement, qui ont peur d'accomplir l'acte qu'ils considèrent comme un sevrage économique. Ils tentent ainsi, en servant d'écran, de perpétuer la même tutelle économique et politique d'une façon plus insidieuse, moins saisissable par la masse, mais non moins réelle.

La prolifération des leaders politiques est un fait spécifiquement africain, issu de la colonisation par des métropoles différentes et du morcellement en territoires administratifs des vastes régions conquises. Elle constitue une difficulté sérieuse avec laquelle on ne cessera de compter désormais dans les tentatives d'unification continentale de l'Afrique.

Malgré les belles déclarations publiques, des intérêts multiples, individuels et généraux, font qu'on commence à s'attacher de plus en plus aux frontières des différents territoires. Aussi n'a-t-on pas encore proposé une voie concrète qui puisse mener infailliblement et rapidement à une fédération des Etats africains, avec abandon partiel ou total de souveraineté locale.

On ne propose même pas une sorte de cartel des présidents ou chefs d'Etat comme embryon de gouvernement fédéral, qui serait élargi au fur et à mesure que les Etats s'émancipent. On constituerait ainsi pourtant une direction collégiale au sein de laquelle on refuserait de donner la primauté à un chef d'Etat quelconque, jusqu'à l'indépendance totale du continent. Les intérêts particuliers seraient sauvegardés et l'unité de l'Afrique aussi.

Par contre, l'institution d'une variété de diète consultative, l'organisation de tout genre de congrès de type Amérique Latine, ne peuvent conduire à la longue qu'à une ossification de plus en plus tolérée et acceptée finalement des différentes frontières des Etats africains. Et l'on aboutirait fatalement à la mosaïque des Etats d'Amérique du Sud.

ÉTATS CONTINENTAUX

L'unification planétaire ne semble pas être pour aujourd'hui, quoi qu'un esprit superficiel puisse en penser. La conscience sociale du monde, à l'heure actuelle, est loin d'avoir été assez éduquée pour que certains sentiments obscurs en soient suffisamment extirpés. La vigilance reste toujours de règle.

Ce que l'on appelle « les grands ensembles » s'articule mal sur l'histoire et les intérêts des peuples. Lorsque les failles réelles en apparaîtront, elles épouseront très probablement la forme des continents pour une durée difficile à estimer. Celle-ci ne sera, en tout cas, abrégée que par le respect ou la crainte réciproques de la force d'autrui. La fraternisation sincère des peuples et l'unification planétaire seront réalisables à partir du moment où les différents peuples seront également forts, éduqués, au point qu'aucun ne puisse plus espérer tromper l'autre.

Ainsi, l'existence d'Etats continentaux risque d'être le prélude à l'unification planétaire.

C'est d'autant plus vraisemblable que l'Europe qui, à elle seule, a colonisé presque toute la terre, pourrait fort bien « prendre la mouche » lorsqu'elle sera au bout de ses illusions, lorsqu'elle aura vu clairement qu'elle a définitivement perdu toutes ses anciennes colonies : son unification aurait alors des chances de se faire sur une base d'amertume, comme semblent le présager ces dernières flambées de néo-nazisme (Noël 1959), qui ne doivent pas être aussi anodines que certains voudraient le faire croire. L'Europe pourrait se replier sur elle-même et tomber dans un néo-nationalisme à l'échelle européenne occidentale.

LA FAIM DE L'AN 2000

Un responsable politique à courte vue pourrait aujourd'hui précipiter son pays vers la catastrophe. Malgré toutes les améliorations réelles des conditions de vie que l'on doit attendre des fantastiques progrès de la science, certains problèmes, telle la nourriture de la population terrestre, en constant accroissement désordonné, ne sont pas encore résolus pour un futur proche. Les savants, conscients du problème, se posent déjà la question de savoir comment alimenter la population de la terre, qui atteindra le chiffre de 6 milliards en l'an 2000, c'est-à-dire dans moins de trente ans. Cette question a paru tellement préoccupante que l'O.N.U. a chargé de son étude un de ses organismes, la F.A.O.[7]. Pour toute solution à l'heure actuelle, cet organisme propose que l'on nourrisse les pays sous-développés avec de la farine de poisson. D'autres savants préco-

---

7. Organisme chargé par les Nations Unies d'organiser une meilleure répartition des denrées alimentaires dans le monde.

nisent la culture d'algues. Des groupes américains très
influents ont recommandé tout récemment à leur gouvernement de n'accorder son aide économique qu'aux
nations sous-développées qui voudraient bien limiter
leurs naissances. Le point de vue malthusien est évident.

REPEUPLEMENT DE L'AFRIQUE

Il est clair qu'un continent comme l'Afrique Noire,
qui a été la seule victime de l'esclavage des temps
modernes (100 à 200 millions de morts et déportés), ne
peut opposer qu'une fin de non recevoir à de telles sug-
gestions.

Notre continent, où règne un vide démographique,
a le devoir impérieux d'appliquer une politique systématique de repeuplement intense dans les meilleurs
délais. L'Afrique Noire possède en elle assez de sources
d'énergie naturelles, de matières premières et de vivres
pour nourrir et entretenir une telle population. Elle doit
éviter d'être le déversoir humain futur du trop-plein du
monde. Elle ne pourra envisager l'immigration étrangère sur une base large, même pour les régions les plus
dépeuplées comme l'Afrique centrale, que lorsqu'elle
aura reconquis une forte personnalité nationale, de
nouveau capable d'assimiler l'étranger au lieu que le
contraire se fasse.

Toutes les décisions hypocrites qui pourraient être
conçues dans ce sens sur le plan international par un
organisme, si apparemment prestigieux soit-il, devront
demeurer sans effet chez nous. A ce point de vue, la
conférence tenue à Tanger, fin janvier 1960, par la Commission de l'O.N.U. et présidée par M. Hammarsjoeld,

est déjà significative. Le secrétaire général de l'O.N.U.
y a exprimé de vive voix l'idée que l'introduction de
l'Afrique sur la scène politique posera, dès l'année pro-
chaine, le problème de la représentativité des deux catégories de pays maintenant en présence, et en nombre,
chose dramatique, de plus en plus inégal : pays techni-
quement développés et pays sous-développés.

On s'oriente donc vers la réorganisation des statuts
de façon que les vieux pays européens « civilisés » ne
soient pas submergés par la masse des nouveaux venus.
Il ne s'agit de rien de moins que du directoire déjà préconisé par différents chefs d'Etat. Mais comment cela
ne pourrait-il pas conduire immédiatement à la faillite
d'un tel organisme ?

PÉRIL JAUNE

La frénésie avec laquelle l'Occident veut hâter le
problème du désarmement reflète un malaise latent, un
sentiment de peur, que l'on avait cru à jamais disparu :
la peur du péril jaune.

Les délibérations, menées plus ou moins adroite
ment, montrent que l'on voudrait pouvoir faire du ral-
liement de la France (à propos de la possession de la
bombe A) un précédent moral que l'on opposerait, le
moment venu, à la Chine, pour la condamner à la faiblesse militaire perpétuelle, en l'empêchant ainsi d'entrer dans le club atomique.

L'intérêt du monde capitaliste bien compris dans son
ensemble, militerait évidemment pour un renoncement
de la France à devenir une puissance atomique. Elle
aurait fait preuve de docilité, mais les intérêts supérieurs

du camp occidental seraient sauvegardés dans la mesure où, disposant déjà de l'arme absolue, celui-ci posséderait de plus un argument moral qu'il croit susceptible d'influencer la décision de la Chine, considérée au fond comme puissance jaune, de couleur.

On entend très fréquemment, dans certains milieux, exprimer l'inquiétude de voir surgir une telle puissance et formuler des craintes sur ce qu'elle deviendra aux environs de l'an 2000 - disposant de tout l'arsenal des armes nucléaires. On parle de déferlement, de submersion de l'Europe, une véritable réédition moderne de l'invasion des Huns. On essaie même, par différents moyens qui, peut-être, prendront plus d'ampleur dans l'avenir, d'entretenir artificiellement cette peur absurde dans les esprits et les consciences non socialistes. On voudrait arriver à créer chez eux une véritable panique engendrant des réflexes d'auto-défense. On redoute particulièrement un rapprochement de l'Asie et de l'Afrique, à plus d'un égard.

Le fait que la France ne se rallie pas, que l'opération politico-morale, virtuellement tentée ainsi contre la Chine, ait échoué, prouve, s'il en était besoin, que l'univers capitaliste est rempli de contradictions insurmontables.

TENTATIVE DE CLIVAGE

Depuis un certain temps, des hommes politiques et militaires occidentaux, de plus en plus nombreux, expriment, en ayant l'air d'y croire, l'espoir qu'un jour l'U.R.S.S. partagera leur réflexe d'auto-défense, en tant que « nation blanche, ayant conquis une partie de l'Asie.» C'est la preuve qu'ils sont à l'extérieur de la conscience socialiste.

FRONTIÈRES

Quelles seront les limites de cet Etat noir fédéral ?

Il ira, grosso modo, du tropique du Cancer au Cap, de l'océan Indien à l'océan Atlantique.

Nous avons montré, dans *L'Afrique Noire précoloniale*, les frontières historiques des anciens empires africains noirs de l'Ouest. Elles coïncidaient pratiquement avec le tropique du Cancer. La marche frontière de Téghezza se trouve sur ce parallèle. Nous connaissons le nom d'un des derniers gouverneurs noirs qui y ont représenté l'Askia de Kaoga (Gao) :c'est le Téghezza-Mondzo, Mohammed Ikoma[8].

La zone saharienne qui sépare le tropique du Cancer de la latitude de Sidjilmessa, n'a jamais relevé d'aucune autorité. Elle était parcourue par les Berbères Messouffa, qui servaient de guides, moyennant redevances, aux caravanes, à travers les couloirs du désert qu'ils avaient bien explorés. Et je crois qu'il a bien raison, le progressiste marocain[9] qui exprimait l'idée que ces questions de frontières sont aujourd'hui dépassées dans le contexte de l'évolution générale de l'Afrique.

---

8. Cf. *L'Afrique Noire pré-coloniale*.
9. Ben Barka.

CHAPITRE IV

LA SITUATION PRIVILÉGIÉE DE L'AFRIQUE OCCIDENTALE

Après l'échec des tentatives de coordination des politiques coloniales entre Européens, l'Afrique occidentale est devenue le terrain de la surenchère politique entre la France et l'Angleterre. Cette dernière, qui n'y a pas fondé de colonies de peuplement, créait des difficultés à la France d'autant plus facilement que toutes les colonies françaises de l'Afrique Noire, contrairement à l'Empire britannique, sont concentrées en Afrique occidentale et équatoriale.

Aussi longtemps que la découverte des immenses richesses de l'Algérie n'avait pas modifié l'optique coloniale de la France, celle-ci ne s'adaptait que très difficilement à la surenchère des Anglais, qui décrochaient en Afrique occidentale pour mieux rester dans leurs colonies de peuplement de l'Afrique orientale (Kenya, Tanganyika, Rhodésies, et même l'Afrique du Sud qui, dans une certaine mesure, entre dans cette catégorie).

La méditation sur la guerre d'Indochine et d'Afrique du Nord et la découverte des richesses du Sahara ont permis à la France d'affronter plus facilement la situation concurrentielle ainsi engendrée. Ainsi le sort réservé aux mouvements politiques en Afrique occidentale et orientale sera très différent.

Il suffit de comparer la répression féroce des Mau-Mau à l'octroi de l'indépendance par négociations en Afrique occidentale anglaise (Nigéria par exemple) ou française. Ainsi, en Afrique occidentale, la facilité relative des problèmes politiques qui sont résolus par négociations et non à coups de feu (exception faite pour le Cameroun), cette facilité, donc, ne permet pas une épuration politique, ni un renforcement de la conscience nationale. Ce qu'on peut appeler la situation privilégiée de l'Afrique occidentale peut laisser des séquelles assez durables. Toute l'Afrique occidentale est virtuellement libre, tandis qu'il n'en est rien du moindre territoire de l'est, centre-est et sud[10].

Cette différence de traitement provient de la présence des minorités blanches réparties dans les différents territoires de l'Afrique de l'Est et du Sud. C'est ainsi que la lutte menée dans ces régions s'apparente étroitement à celle de l'Afrique du Nord et à la lutte que nous mènerons tous ensemble, en dernier ressort, en Afrique du Sud. La vraie poudrière du continent noir reste donc l'Afrique orientale, centrale et du Sud.

---

10. Situation politique en 1959-1960.

ÉTATS BLANCS

Nous y refuserons demain, sans esprit de compromis, la création d'Etats blancs sous quelque forme que ce soit, quel qu'en soit le prétexte et quel que soit le prestige apparent de l'organisme international hypocrite qui l'aura proposée. Nous ne chassons personne, car nous ne sommes pas racistes. Nous n'exterminerons aucune minorité, mais nous appliquerons la proportionnelle démocratique dans la façon de gouverner l'Etat. Nous refuserons que la vie nationale de ces futurs Etats s'organise sur une base ethnique. Aucun pays, jusqu'à ce jour, n'a résolu autrement le problème des minorités. Ceux qui ne peuvent pas nous donner des exemples ne pourront donc pas nous donner des conseils, et encore moins des ordres.

MISSION HISTORIQUE DE L'AFRIQUE OCCIDENTALE ET ÉQUATORIALE

La mission historique de l'Afrique occidentale consiste donc, dans une large mesure, à profiter des facilités que lui donne l'histoire pour devenir sans délai un Etat fédéré puissant, capable de libérer le reste du continent par la force s'il le faut, au lieu de s'éterniser dans la faiblesse, la division et la surenchère déclamatoire de patriotes de circonstances. Mais nous éprouvons déjà l'effet des séquelles politiques dont il a été question ci-dessus : aucun travail politique préalable n'a encore transformé les consciences d'une façon radicale, afin de les préparer aux tâches austères qu'exige une indépendance réelle.

On continue à traiter les problèmes nationaux avec une mentalité de fonctionnaires. Cette carence se traduit encore par l'absence d'une politique culturelle digne de ce nom, dans tous les Etats d'Afrique Noire indépendants à l'heure actuelle. Aucun Etat n'a encore établi une politique systématique de rénovation de la langue nationale, aucun n'utilise une langue africaine comme langue de gouvernement[11], aucun ne cherche à se créer sans délai une puissante armée moderne dotée d'une forte aviation, civiquement éduquée, inapte aux putschs de type Amérique Latine, capable de faire face soudainement aux tâches historiques qui pourraient nous attendre encore. On risque plutôt de n'avoir que des embryons symboliques d'armée, avec un matériel désuet, sans aviation sans engins , balistiques d'aucune sorte, mais que contre-balancerait une police ultra-moderne de type dictatorial.

Nous serons bien obligés de compenser la facilité relative de notre libération par un immense effort d'éducation politique, de formation culturelle, sinon, nous risquons de ne pouvoir opposer aux nationalismes étrangers encore expansifs et fortifiés par la lutte armée, qu'un « nationalisme » folklorique et bariolé tout au plus des couleurs vives de nos tissus indigènes.

Rien n'est plus extraordinaire, plus fantastique, que cette distribution par le chef de l'Etat français des divers petits drapeaux, sur la place de la Concorde, aux chefs d'Etat de la Communauté, le jour du 14 juillet 1959.

---

11. Depuis, la Tanzanie et le Kenya ont successivement adopté le swahili comme langue de gouvernement. D'autre part, l'Unesco a fait siennes les idées contenues dans la deuxième partie de *Nations nègres et culture* relatives au développement des langues nationales africaines et a établi en conséquence un programme de soutien culturel, dans ce sens, aux Etats africains.

CHAPITRE V

LA NOUVELLE STRATÉGIE

Le Général de Gaulle a agi en véritable stratège vis-à-vis des colonies, dans l'espoir d'y tuer l'esprit de lutte et d'opposition à la métropole, en le rendant sans objet apparent.

« Des territoires qui ne cessaient pas, depuis dix ans, d'aspirer à l'indépendance, la réclament aujourd'hui avec insistance. Faut-il laisser ce mouvement se développer contre nous, ou, au contraire, tenter de le comprendre, de l'assimiler, de le canaliser ? » Cette phrase, qui serait de lui, est le résultat d'une longue méditation (qui remonte à la IVe République) sur la durabilité du fait colonial.

L'expérience de l'Indochine et celle de l'Afrique du Nord ont servi à devancer les événements en Afrique Noire. Elles ont permis d'octroyer l'indépendance qui allait être arrachée :

« J'ai desserré les liens avant qu'ils ne se rompent », aurait-il dit.

C'est un acte de haute stratégie destiné visiblement à atrophier la conscience nationale, à l'amoindrir, au point de la rendre associable à toutes sortes de mixtures. Si ce « pari » pouvait être gagné, le destin historique du continent serait compromis. Mais tous les paris de ce genre contre le destin des peuples ont toujours été historiquement perdus. Dans le cas contraire, l'Eurafrique, avec ses liens « horizontaux » et « verticaux », serait réalisée sous une forme plus insidieuse, plus assouplie. La confédération en gestation n'en serait qu'une nouvelle forme mieux adaptée aux circonstances. C'est ainsi qu'un congrès a été organisé sur la Côte d'Azur, en novembre 1959, entre responsables politiques africains et industriels européens, où l'on notait la présence de nombreux Allemands ; tous les magnats de l'industrie européenne désireux de transformer l'Afrique en un champ d'expansion économique, politiquement stabilisé, étaient présents, anxieux, à la recherche d'interlocuteurs valables. Il leur fallait des garanties politiques avant tout investissement. On s'est aperçu depuis la fin de la dernière guerre, du reste, que pour qu'une telle situation soit durable, il faut créer une véritable bourgeoisie indigène industrielle, financière, bancaire, etc., dont les intérêts de classe soient désormais du côté de ceux de la grande finance internationale. On n'a que trop tardé à le faire... C'est une faute que les bourgeoisies européennes s'efforcent de réparer dans les délais historiques. Mais c'est avec la découverte des pétroles du Sahara que l'optique de la politique coloniale française fut complètement bouleversée.

Désormais, la bourgeoisie française pense qu'il est plus pratique de se souder à l'Algérie. Elle croit le projet réalisable, plus réalisable en tout cas que l'ancienne « Union Française » ou même la Communauté, qui devient secondaire. Elle se résout à admettre que l'Afrique Noire sera perdue tôt ou tard, compte tenu de la modicité des moyens de coercition militaire, compte tenu du cycle d'évolution irréversible dans lequel s'engage de plus en plus le continent noir ; on s'incline de bonne grâce devant la fatalité.

Par contre, la France pense que la présence d'une minorité en Afrique du Nord et la proximité de ce territoire, contrairement à l'Indochine, sont des facteurs déterminants en faveur d'un maintien de son autorité. En concentrant ses efforts sur l'Algérie, elle croit pouvoir disposer d'une source permanente d'énergie et de minerais variés qu'elle avait l'habitude d'aller chercher plus loin (et hors de la zone franc). Elle se voit devenir virtuellement la première puissance énergétique de l'Europe occidentale.

Désormais, dans un mouvement parallèle, elle se fait libérale en Afrique Noire afin de reconquérir sur le plan sentimental l'amitié des anciennes colonies aigries, tandis qu'elle tente de broyer et d'assimiler l'Algérie.

Cependant, nous ne sommes pas encore libres, même à la suite de ce desserrement de liens, car nous ne pourrons pas choisir un régime politique et social différent de celui du camp occidental sans risquer de nous battre militairement ou de nous voir renverser par des intrigues, utilisant des partis locaux d'obédience occidentale. C'est à cette dernière ligne que se retranchent, camouflées, les batteries de l'Occident impérialiste, qui prétend faire dépendre son sort économique et sa « civilisation » de la conservation de l'Afrique.

Que signifie « conserver un pays indépendant » ? Si nous acceptons de nous engager dans ce processus capitaliste d'embourgeoisement, dont l'issue est fatale à la santé politique de notre pays, de constituer cette classe auxiliaire de la finance internationale, tout va bien. Si nous disons, mieux encore, « nous sommes vos fils spirituels et intellectuels, votre émanation noire; faites de nous à temps les dépositaires de vos intérêts financiers et moraux, et la situation sera sauvée! On ne vous verra plus, bien que vous soyez encore là; nous servirons d'écran; ce ne sera plus vous, mais nous, Africains, contre d'autres Africains, qui défendrons vos idéaux »; si nous disons tout cela, c'est excellent!

C'est ainsi que cette nouvelle politique « libérale », pour être entièrement efficace, pour ne pas être trop idéaliste, est doublée partout (sauf en Guinée où on n'a pas eu le temps de le faire) d'une mise en place d'hommes politiques bien pensants, de toute une infra-structure adéquate. La nouvelle politique « libérale» a eu partout comme conséquence l'éviction des véritables mouvements révolutionnaires et le triomphe des équipes traditionnellement conformistes. Elle tend partout à faire passer les dits conformistes, aux yeux du peuple, pour des pseudo-révolutionnaires, afin de les accréditer. La situation du Cameroun est typique à cet égard[12]. On se demande, en effet, dans le cas de l'octroi désintéressé d'une indépendance, ce qui empêcherait la France de rester neutre vis-à-vis des différents partis, d'accepter des élections véridiques préalables, si c'est le seul moyen d'amener au pouvoir une équipe de dirigeants populaires, d'apaiser les esprits et de stabiliser la situation politique.

---

12. En 1959-1960.

Mais de puissants intérêts matériels sont en jeu (barrage d'Edéa, usine de traitement de la bauxite). Il n'est pas pensable de favoriser une équipe révolutionnaire qui viendrait remettre tant d'intérêts en question. Il faut donc tenter de faire en sorte que le peuple camerounais n'ait pas l'impression de devoir son indépendance au parti d'Um Nyobé. Nous subissons déjà très durement et partout les inconvénients calculés de l'autonomie interne qui prépare, dit-on, à l'indépendance : c'est la division des forces révolutionnaires (avant l'indépendance totale et réelle), division qu'il sera difficile de résorber partout avec la même facilité, c'est la stratification de plus en plus solide de la société africaine, en classes, au sens moderne et économique du terme, et l'impossibilité presque d'éviter, dès lors, une lutte de classes en Afrique Noire.

Les mots d'ordre ne mordent pas sur l'esprit et le cœur des masses exécutantes, encore moins sur ceux des fonctionnaires; car « stakhanovisme » et austérité économique n'ont de sens que dans le cadre d'une véritable indépendance. Il n'en est rien dans un régime conçu pour améliorer en toute sécurité la production capitaliste étrangère par des procédés dont l'évidence n'échappe pas à tout le peuple.

Seules, des perspectives grandioses de construction d'un Etat africain continental moderne et fort, permettent de créer l'enthousiasme, l'esprit d'abnégation, un véritable sentiment patriotique. On cessera alors, et alors seulement, de poser le problème de l'indépendance nationale en termes de salaire, comme ceux qui commencent déjà à dire : « Il eût mieux valu laisser les choses telles qu'elles étaient. » Tout ce qui précède traduit l'absence de partis révolutionnaires au pouvoir, partout dans la « Communauté ».

Dans le même ordre d'idées, pour résorber l'anti-intellectualisme larvé que l'on constate partout en Afrique Noire au niveau des responsables politiques, comme des réflexes d'auto-défense, il faut que les intellectuels soient capables de dégager des perspectives pour l'Afrique, des solutions pour les problèmes qui se posent à l'échelle nationale, d'une façon qui ne laisse aucune autre voie possible. Il faut qu'ils sachent ainsi s'imposer à la fois par leur efficacité, leur goût du travail désintéressé pour le peuple, et leur simplicité.

Il faut qu'ils soient sincères avec eux-mêmes et, pour ce, qu'ils sentent vraiment qu'ils sont animés d'un idéal à toute épreuve. Il faut qu'ils se distinguent des esprits qui ne cherchent qu'à briller d'une lumière trompeuse, aussi artificielle que stérile, autrement dit des pseudo-intelligences à facettes, faciles à réduire à l'inconséquence.

Un anti-intellectualisme d'auto-défense consacrerait une nouvelle perte de l'Afrique s'il pouvait se généraliser. Nous ne pouvons pas nous payer le luxe de rejeter ce qui nous a manqué le plus pendant ces trois derniers siècles.

CHAPITRE VI

BICAMÉRALISME

De l'étude de notre passé, nous pouvons tirer une leçon de gouvernement. Le régime matriarcal aidant, nos ancêtres, antérieurement à toute influence étrangère, avaient fait à la femme une place de choix. Ils voyaient en elle, non la courtisane, mais la mère de famille. Ceci est vrai depuis l'Egypte pharaonique jusqu'à nos jours[13].

Aussi, les femmes participaient-elles à la direction des affaires publiques dans le cadre d'une assemblée féminine, siégeant à part, mais jouissant de prérogatives analogues à celles de l'assemblée des hommes[14].

Ces faits sont demeurés sans changement jusqu'à la conquête coloniale, en particulier dans les Etats non islamisés yoruba et dahoméen. La résistance militaire de

---

13. Cf. L'*Unité culturelle de l'Afrique Noire* (Matriarcat).
14. Au Sénégal un homme qui gouverne selon la coutume est appelé dans certains cas N' Deye Di Rèv (la mère du pays) et cela ne choque personne. Cette fonction coutumière existe encore chez les Lébous.

Béhanzin à l'armée française, commandée par le colonel
Dodds, serait la conséquence d'une décision de l'assemblée des femmes du royaume, qui s'est réunie la nuit,
après celle des hommes réunie le jour, et qui, à l'inverse
de cette dernière, avait choisi l'ordre de mobilisation
et la guerre. La décision fut ratifiée par les hommes. Il
existait donc, en Afrique Noire, un bicaméralisme spéci-
fique reposant sur la dualité des sexes. Loin d'entraver la
vie nationale et d'opposer les hommes et les femmes, il
garantissait l'épanouissement de tous. C'est à l'honneur
de nos ancêtres d'avoir su créer un tel type de démo-
cratie. Partout où nous la trouvons jusqu'à l'époque
égéenne, l'influence nègre méridionale est indéniable.
En la restaurant sous une forme moderne, nous restons
fidèles au passé démocratique et profondément humain
de nos aïeux ; une fois pour toutes, nous décontractons
la société humaine en la libérant d'une contradiction
latente et millénaire ; nous pourrions inspirer, à n'en pas
douter, les autres pays dans leurs méthodes de gestion
des affaires publiques.

Restaurer ce bicaméralisme de nos aïeux sur une base
moderne consiste, pour nous, à trouver, ensemble, avec
les femmes, à l'exclusion de tout esprit démagogique,
un mode de représentation vraiment efficace de l'élément féminin de la nation.

La mise en place de cette assemblée, le mode d'élection de ses membres, la structure des cellules de base
des partis militants d'Afrique Noire sont, de ce fait,
autant de questions pratiques à mettre au point.

De telles réformes permettent de normaliser le
rôle politique de la femme, de restituer à celle-ci sa
dignité de mère de famille, de réaliser une fois pour
toutes, de la seule manière efficace, valable, ce qu'on

appelle dans tous les pays du monde la « promotion de la femme ».

Une expérience similaire a déjà été faite en U.R.S.S., sous Staline, au début de la construction socialiste, mais dans le domaine de la production seulement. Les assemblées de femmes qui avaient été créées avaient à assumer un rôle d'éducation et surtout des tâches de production. Partout, les résultats furent prodigieux. Elles furent cependant dissoutes avant la Seconde Guerre mondiale, lorsque la construction socialiste fut suffisamment avancée pour qu'on ne distinguât plus une « main-d'œuvre féminine » d'une « main-d'œuvre masculine ». De telles assemblées existent encore dans les nouvelles républiques fédérées de l'U.R.S.S. après 1945, où le développement social était moins avancé, comme en Ukraine, Biélo-Russie, Lettonie ; elles y fonctionnent encore.

Certains de mes compatriotes pensent qu'à l'heure actuelle, il faut s'en tenir à une simple assemblée consultative des femmes.

Je remercie en particulier le Professeur Diop Issa de m'avoir aidé à remanier et à adapter ce chapitre.

DEUXIÈME PARTIE

RECENSEMENT DES SOURCES D'ÉNERGIE

ÉNERGIE HYDRAULIQUE

Les réserves mondiales d'énergie hydraulique sont évaluées à 50 000 milliards de kWh par an, dont 90 % sont concentrés dans les régions sous-développées : l'Europe ne dispose que de 3 %, les U.S.A. de 4%, et l'U.R.S.S. de 3,5 %.

Au rythme actuel de l'équipement, la France aura épuisé son potentiel hydraulique dans moins d'une décennie. L'équipement des quelques chutes qui restent en France et aux Etats-Unis serait d'un coût prohibitif, compte tenu de l'emplacement.

L'Afrique Noire vient en tête, en matière d'énergie hydraulique, avec ses milliers de milliards de kWh de réserves, qui équivalent à peu près à la moitié des réserves mondiales. Le Zaïre, deuxième fleuve du monde par le volume de son débit (30 000 à 60 000 m³/s), recèle, à lui seul, plus de 600 milliards de kWh de réserves annuelles, les 2/3 de la production mondiale actuelle ; la Sanaga et l'Ogooué, 300 milliards. Les ingénieurs ont calculé que la Sanaga (Cameroun), qui prend sa source à 1400 mètres d'altitude et possède un débit triple de celui du Rhône à Génissiat, peut livrer plus d'énergie que tous les cours d'eau des Alpes réunis.

L'Afrique Noire, rien que par ses ressources hydrauliques, est un des premiers pays énergétiques du monde. L'énergie hydraulique n'est pas comparable à un minerai d'uranium que l'on exporte si cela est nécessaire. Jusqu'ici, il fallait l'utiliser sur place ; grâce au courant alternatif, on le transporte tout au plus à des distances relativement dérisoires. Mais les techniciens soviétiques et suédois viennent de réaliser des progrès dans le domaine du transport de l'énergie électrique à grande distance. Lorsqu'on transporte de l'énergie électrique sous forme de courant alternatif, la réactance de la ligne, comparable à une grande résistance, produit des pertes énormes, de sorte que, même si le voltage de la source est très élevé (400 000 volts), à l'arrivée on ne recueille qu'une énergie très faible si la distance est grande. Mais si on arrivait à transporter, au lieu du courant alternatif, du courant continu, la réactance de la ligne serait supprimée. Les techniciens soviétiques et suédois ont pensé garder le courant alternatif à la production. On dispose de générateurs qui produisent quelques dizaines de milliers de volts alternatifs; on élève la tension par des transformateurs jusqu'au seuil du million de volts et on redresse le courant, qu'on peut ainsi transporter en continu.

M. Jean Rivoire a montré que la Suède a dépassé le stade des études théoriques en cette matière; depuis février 1954, un câble sous-marin est utilisé pour le transport de l'énergie entre la Suède et l'Ile de Gotland sous 200 000 volts continus; et ce chiffre pourrait être porté à 600 000. Si l'on atteignait le million de volts avec une intensité de 1000 ampères, chaque ligne de ce type transporterait un million de kW et son utilisation pleine, en un an, fournirait 9 milliards de kWh.

Lorsque le problème du transport de l'énergie électrique sous forme de tension continue sera complètement résolu, rien que l'équipement du Bassin du Zaïre (barrage d'Inga et de Kisangani) permettrait de ravitailler tout le continent noir en électricité.

ÉNERGIE SOLAIRE

Le soleil envoie, en moyenne, sur la terre, 10^{15}kWh (un million de milliards) par jour, c'est-à-dire une quantité d'énergie comparable à la somme globale des réserves énergétiques en pétrole, charbon, uranium et gaz naturel recensées sur la terre jusqu'à présent. Un km^2 de surface ensoleillée reçoit une quantité d'énergie quotidienne équivalente à celle d'une bombe atomique ordinaire. Aussi, malgré l'actualité de l'énergie atomique, les savants sont d'accord sur le fait que l'énergie solaire est celle de l'avenir, puisqu'elle existera aussi longtemps que le soleil. L'énergie hydraulique, qui jouit d'une semblable permanence, dépend indirectement d'elle dans la mesure où le soleil intervient dans le climat.

D'Archimède à Félix Trombe, les savants ont tenté sa domestication. Ils sont aujourd'hui sur le point de réussir entièrement.

L'utilisation peut se faire sous forme directe. Il s'agit, dans ce cas (Félix Trombe à Mont Louis, dans les Pyrénées), de tapisser une surface parabolique de petits miroirs rectangulaires de position réglable. Au foyer du grand miroir parabolique ainsi créé, on peut atteindre, suivant les surfaces mises en jeu, une température de 3 000°, c'est-à-dire celle qui règne dans l'atmosphère solaire. Ainsi, Félix Trombe est arrivé à fondre des oxydes métalliques jusqu'ici réfractaires. L'appareil ainsi constitué s'appelle un four solaire et utilise directement la chaleur solaire : à Mont Louis, on arrive à fondre une demi-tonne de fer par jour.

Un projet plus gigantesque est en cours de réalisation au nord du Sahara, à Colombéchard, sous la direction du même savant. On obtiendra une puissance de 1000 kW [15].

Si, au lieu de chercher à atteindre une haute température concentrée en un point dans un four, on varie la dimension et la forme du miroir afin de répartir la chaleur sur un axe, on peut arriver à accumuler de la vapeur pour faire fonctionner une usine. Il suffit de glisser le long de l'axe chauffé une portion d'un circuit parcouru d'huile, lequel fait ensuite serpentin dans une chaudière remplie d'eau où il abandonne des calories. C'est le procédé Schumann, utilisé à Maadi, en Egypte[16].

Dans tous ces cas, l'orientation des miroirs est synchronisée avec le mouvement solaire. Les réalisations sont limitées par le gigantisme des installations, l'état du ciel, donc la latitude et l'alternance du jour et de la nuit. Pour supprimer ce dernier inconvénient, afin d'avoir des usines qui fonctionnent sans arrêt, certains

---

15. 1959-1960.
16. Cette usine n'existe plus.

savants n'hésitent pas à étudier la fonction chlorophyllienne des plantes, afin de savoir comment celles-ci emmagasinent l'énergie solaire.

Il existe une usine solaire qui fonctionne en U.R.S.S., à Tachkent, pour la production d'électricité.

L'utilisation peut se faire sous forme indirecte par l'utilisation de photo-piles (panneaux-solaires) fabriquées à partir de semi-conducteurs (silicium, germanium, etc.). Ces techniques sont devenues courantes depuis la première édition de ce livre et il est inutile de s'y attarder. On pense que, dans quelques décennies, l'énergie électrique domestique sera fournie directement par le soleil au moyen de toits en silicium. L'homme est libéré du gigantisme des constructions. Une machine à calculer n'a plus que les dimensions d'une machine à écrire au lieu de celles d'une armoire à glace.

En raison du prix de revient des surfaces de silicium qu'il faudra mettre en jeu en l'état actuel du progrès technique, on a calculé que l'énergie solaire n'est pas meilleur marché que l'énergie hydro-électrique. Dans tous les cas, elle reste une énergie capitale de l'avenir pour les régions tropicales. On envisage que les installations futures ne pourraient pas se situer directement sur l'équateur, par suite de la permanence des nuages sous cette latitude. Ce sont les territoires situés de part et d'autre des tropiques qui pourront être dotés d'un équipement solaire: le Sahara et la Libye, donc toute la zone soudanaise, jusqu'à l'Ethiopie et une grande partie de la région australe.

ÉNERGIE ATOMIQUE

La fission contrôlée de l'uranium et du thorium est la base de l'énergie atomique. On obtient ce qu'on appelle une réaction en chaîne qui dégage une énorme chaleur. 2 000 tonnes d'uranium 235 équivalent à toutes les réserves mondiales de pétrole en production d'énergie.

L'actualité de l'énergie atomique dispense d'insister sur les avantages qu'elle procure. On peut dire qu'elle entrera dans l'équipement industriel de toutes les nations modernes d'ici dix ans. Jusqu'en 1952, le Congo belge fournissait les 50 % de la production mondiale d'uranium. Aujourd'hui, l'Afrique se place vraisemblablement, au point de vue production, immédiatement après le Canada et les Etats Unis, avec 5 500 tonnes d'uranium métal contenu dans des concentrés marchands (Zaïre, Afrique du Sud réunis)[17].

On trouve de l'uranium en Ethiopie, au Cameroun, au Nigeria, au Sahara, au Zaïre, au Ghana, en Zambie, au Mozambique, en Ouganda, dans l'Union Sud-Africaine, où on a découvert également une mine de thorium au Cap. On doit faire preuve d'une certaine vigilance dans le domaine de l'exploitation de l'énergie nucléaire : la matière énergétique, en l'occurrence l'uranium et le thorium, n'est pas comparable à l'énergie hydro-électrique ou à l'énergie solaire, qu'il serait difficile d'exporter en bouteilles. C'est un simple minerai dont on peut vider l'Afrique en un temps

---

17. Chiffres de 1959-1960. Nous n'avons pas cru nécessaire d'actualiser le texte de ce livre sur le plan technologique ni de réviser les chiffres; il serait préférable alors, d'écrire un nouveau livre.

record pour le stocker ailleurs si l'avenir politique devient incertain, grâce à une extraction mécanisée à outrance.

Les breeders, ou piles couveuses utilisant des neutrons rapides et refroidis au sodium (rapsody), sont les réacteurs de l'avenir pour l'exploitation industrielle de l'énergie atomique. On a calculé que lorsqu'ils seront mis au point, grâce aux recherches en cours, ces réacteurs produiront plus de combustible (plutonium) qu'ils n'en consomment, ce qui tient presque du miracle technique. Mais il sera toujours nécessaire de les jumeler avec les piles plutonigènes qui fourniront la matière combustible, le plutonium, utilisé au départ dans les piles couveuses. Ainsi, ces piles brûlent du plutonium, mais en fabriquent plus qu'elles n'en brûlent, d'où leur intérêt économique futur. C'est sous cette forme et d'autres, analogues, que l'Afrique Noire devra envisager son équipement nucléaire industriel.

ÉNERGIE THERMO-NUCLÉAIRE

Elle se distingue de l'énergie atomique, ou plus proprement nucléaire, en ce sens qu'il faut passer par cette dernière pour l'obtenir. Une masse d'uranium, en se désintégrant au sein d'une enceinte contenant une certaine variété d'hydrogène (deutérium ou tritium), engendre pendant un millionième de seconde une température de l'ordre de 16 millions de degrés, comparable à celle qui règne au sein des étoiles chaudes, du soleil en particulier (20 millions de degrés). Ce petit soleil, cette température, est indispensable pour vaincre la répulsion coulombienne, provoquer la fusion de deux noyaux d'hydrogène et donner de l'hélium avec une légère perte de masse. Cette masse perdue se retrouve sous forme d'énergie rayonnante, calorifique ; cette dernière est énorme : pour l'évaluer, il faut multiplier la quantité de matière perdue par le carré de la vitesse de la lumière, soit 9×10^{10}, d'après la relation d'Einstein. A la chaleur de la fission atomique de l'uranium s'ajoute donc l'énorme chaleur de la fusion des noyaux d'hydrogène, due à la perte de masse. Voilà pourquoi la bombe à hydrogène dégage beaucoup plus d'énergie que la bombe atomique. Mais cette énergie, contrairement à l'énergie atomique, n'est pas encore domestiquée, contrôlée.

Dans un réacteur, c'est-à-dire dans une pile atomique, on peut déclencher une réaction en chaîne, l'intensifier, l'arrêter à une température, aussi longtemps qu'on le désire, éteindre la pile après usage, en enfonçant ou retirant des barres d'acier au bore ou de cadmium, qui permettent de régler le flux de neutrons : les neutrons sont les agents de bombardement qui déclenchent la réaction en chaîne ; la divergence de la réaction, c'est-à-dire son intensité, est fonction de leur flux. Il n'existe encore rien de semblable à l'échelle industrielle, ou même du laboratoire, dans le domaine thermo-nucléaire : le « réacteur » ou « pile thermo-nucléaire » n'est pas encore créé.

L'équipe anglaise dirigée par John Cockroft, qui croyait avoir réalisé la fusion contrôlée à l'exclusion d'une amorce atomique, est revenue de ses illusions. Les neutrons, dont l'apparition devait en constituer la preuve, étaient d'origine extérieure, provenaient peut-être des « parois » de l'enceinte ou d'une fission de noyaux de deutérons par suite de la faible énergie de liaison neutron-proton (2,2 Mev contre 30 Mev pour l'hélium par suite de la saturation des forces nucléaires). Le procédé utilisé est dû vraisemblablement à un jeune chercheur soviétique. Le « réacteur » est constitué par un immense tore dont l'axe circulaire est occupé par la colonne gazeuse de combustible à fusionner (deutéron) sans contact avec les parois. Un enroulement extérieur crée le grand champ nécessaire au maintien de la colonne loin des parois. En effet, quelle que soit la matière qui les constitue elle fondrait à la température de 4 à 16 millions de degrés que l'on cherche à réaliser par de puissantes décharges électriques dans la matière de la colonne. Cette méthode permet de nourrir des espoirs de domestication de l'énergie thermo-nucléaire, mais dans un avenir imprévisible, quoi qu'en dise la propagande. Personne n'est capable, à l'heure actuelle, d'avancer une date certaine à laquelle l'énergie thermo-nucléaire sera contrôlée de façon industrielle, ou même en laboratoire. Il peut se produire un saut brusque qui conduirait rapidement à une mise au point d'un procédé de fusion, comme on peut attendre longtemps. L'intérêt que les grandes puissances industrielles continuent d'attacher à la source classique banale d'énergie qu'est le pétrole, montre qu'on est encore loin du but, qu'on n'espère pas domestiquer dans l'immédiat cette énergie qui devrait supplanter toutes les autres[18] dans l'électrolyse. Seule, une électricité d'origine hydraulique pourra faire face avantageusement à une telle exploitation. Il reste qu'en l'état actuel de la science, il faut passer par l'énergie atomique pour obtenir de l'éner-

---

18. Les progrès techniques n'ont pas encore apporté de modifications sensibles depuis 15 ans. Ces conclusions, qui datent de 1959, restent en gros valables en 1974. Cependant l'utilisation du laser pour amorcer la réaction thermo-nucléaire permet de nourrir de grands espoirs.

gie thermo-nucléaire; aussi longtemps que de nouvelles
découvertes ne seront pas faites, la quantité d'hydrogène
à fusionner sera fonction de la quantité de matières fis-
siles que recèle la terre.

Lorsque la réaction thermo-nucléaire sera industrialisée, l'humanité, sans aucun doute, sera dotée, comme le
prévoient les savants, d'une nouvelle source très abondante d'énergie. L'électrolyse de l'eau de mer fournirait
directement la matière première indispensable, qui est
l'hydrogène lourd ou deutéron contenu dans l'eau de mer
dans la proportion de 0,02 %. Ce pourcentage dérisoire ne
doit pas décevoir, il faut penser à l'énorme température
réalisée dans la fusion.

Les centres de production et d'équipement
seraient donc forcément situés près de la mer, en
Afrique. Un territoire comme le Zaïre serait particulièrement privilégié ; en effet, cela ressort de ce qui
précède, l'utilisation de l'énergie thermo-nucléaire
exige au préalable une dépense énorme d'énergie
électrique.

Telles sont les grandes sources d'énergie que recèle
l'Afrique Noire et qui, à elles seules, permettent de
faire de ce pays un des plus industrialisés du monde.
Bien que l'avenir soit prometteur pour la recherche
énergétique, nous n'avons fait figurer sur la liste que
les sources d'énergie existant réellement à l'heure
actuelle d'une façon prépondérante. C'est la raison
pour laquelle ne sont mentionnés ni le pétrole, ni le
charbon. Pourtant, la place future de ces deux sources
est indéniable dans l'économie africaine. Le pessi-
misme des années passées a fait place aux plus grands
espoirs, fondés sur des indices réels. Une politique
éclairée consistera donc à encourager la prospection

dans ce double domaine du charbon et du pétrole, où l'Afrique Noire reste déficitaire[19].

Il faut, en outre, évoquer d'autres sources d'énergie complémentaires que citent les auteurs, comme Ivan du Jonchay, et qui prendront de l'importance dans l'avenir.

ÉNERGIE ÉOLIENNE

On a trouvé que toute la côte occidentale d'Afrique, grâce aux alizés, pourrait être équipée d'énormes éoliennes, ainsi que la région du Cap, grâce aux vents du 40e degré. Les Canaries et les Kerguelen seront équipées de cette manière ; on aurait tort de minimiser cette source d'énergie, quand on sait qu'elle représente les 15% de l'énergie nationale du Danemark[20]. Les éoliennes conviendraient merveilleusement dans une première phase pour l'irrigation du sol et l'abreuvage du bétail dans les régions appauvries et semi-désertiques du Sénégal, telles que le Ferlo, le Cayor, une partie du Baol et le Djambour.

ÉNERGIE THERMIQUE DES MERS

On applique le principe de Carnot en faisant fonctionner une usine grâce à la différence de température entre le fond de la mer et la surface. Le procédé utilisé est celui de Georges-Claude Boucherot. Il est appliqué

---

19. Depuis que ces lignes ont été écrites, des gisements de pétrole ont été découverts au Gabon, au Nigéria. au Sénégal.
20. Cf. *Industrialisation de l'Afrique*, par Ivan du Jonchay, Payot, 1953.

à Abidjan, entre la lagune côtière et une fosse, dite du
«trou sans fond», profonde de 500 mètres. La différence de température est de 22° centigrades.

Une centrale de 7 500 kW de puissance était en
cours de réalisation[21]. La région du Djander, au Sénégal, est également favorable à l'installation d'une usine
du même genre. Cependant, un inconvénient auquel on
n'avait pas suffisamment fait attention retarde les réalisations. En faisant le vide, l'eau peut très bien bouillir
à la température de 22° dans une enceinte, donner de la
vapeur qui est envoyée sur des turbines pour produire
de l'électricité. Mais les gaz contenus dans l'eau de mer
se dégagent également sous le vide et produisent un
bouillonnement qui gêne l'opération. Il faudrait donc
dégazéfier, au préalable, une masse énorme de plusieurs
tonnes d'eau de mer en circuit fermé avant de pouvoir
produire par ébullition sous vide, à basse température,
une vapeur homogène susceptible de travailler dans les
turbines d'une centrale. C'est peut-être une des raisons
qui ont conduit à l'abandon du projet d'Abidjan.

ÉNERGIE MARÉMOTRICE

Il s'agit d'utiliser l'énergie qui résulte du mouvement
des marées, par l'aménagement d'un estuaire approprié
et de réservoirs d'accumulation, dont certains de niveau
relativement élevé pourraient être remplis par siphonage
en période de haute marée. Les réservoirs ainsi consti-
tués joueraient exactement le même rôle que les lacs de
retenue des barrages. L'eau, en basse marée, coulerait de

---

21. Du Jonchay, *op. cit.*

ces réservoirs vers les turbines pour les actionner.

Les inconvénients de l'utilisation de l'énergie maré-motrice tiennent à deux faits : les frais d'installation et d'équipement sont exorbitants et ne peuvent être sup-portés que par le budget d'une grande puissance écono-mique. Deuxièmement, les sites qui restent favorables, après une étude approfondie du terrain, sont rarissimes. Il est indispensable que la variation de niveau de la sur-face de l'eau, entre haute et basse marée, soit notable, de l'ordre de 8 mètres. En France, la baie du Mont Saint-Michel et l'estuaire de la Rance sont favorables à l'installation de grands ouvrages, mais les projets de constructions qui ranimeraient tout le pays environnant sont toujours remis en question étant donné l'énormité des dépenses. Pourtant, l'E.D.F. a calculé que cette réalisation fournirait à elle seule la moitié de l'énergie nationale française actuelle (25 à 30 milliards de kWh annuels).

Il serait intéressant d'étudier à ce point de vue la mon-tée de la mer dans les estuaires des fleuves africains, en particulier dans ceux du Sénégal, où le phénomène est sensible jusqu'à Podor, du Sine Saloum, de la Gambie et de la Casamance. La théorie des usines marémotrices est relativement complexe; elle fait intervenir même la rotation de la terre dans les calculs d'erreurs. On revien-dra sur cette question au sujet de l'industrialisation du Mali (ancienne Fédération Sénégal-Soudan).

HOUILLE ROUGE

On applique le principe de Carnot à la différence de température entre la surface du sol et une source chaude

souterraine atteinte par forage. La différence de température permet de faire bouillir de l'eau et d'obtenir de
la vapeur sous vide à une température bien inférieure à
100°. Des recherches et un commencement d'applica-
tion sont poursuivis au Zaïre[22].

ÉNERGIE THERMIQUE DES VOLCANS
ET ÉNERGIE GÉOTHERMIQUE

On l'exploite dans des centrales thermiques situées
sur les lieux, en envoyant par des tuyaux enfouis dans la
lave une grande masse d'eau qui, en s'évaporant, fournit
de la vapeur qu'on envoie actionner des turbines. Le
circuit est fermé, la vapeur condensée après travail est
de nouveau renvoyée par un système de pompage vers
la lave. On pourrait en installer au pied du Mont Cameroun, au Kenya. D'une façon générale, toute l'Afrique
de l'Est (Ethiopie, Kenya, Ouganda, Tanzanie, toute la
région de la Rift Valley) serait éminemment favorable
pour l'installation d'usines fonctionnant à partir de
l'énergie géothermique, c'est-à-dire à partir de sources
de vapeurs souterraines.

Telles sont les ressources énergétiques de l'Afrique
Noire. Leur utilisation par les Africains eux-mêmes,
non pas pour créer des industries complémentaires de
celles de l'Europe, mais pour transformer les matières
premières que recèle le continent, permettrait de faire de
l'Afrique Noire un paradis terrestre[23].

---

22. Cf. Du Jonchay, *op. cit.*
23. On remarquera que les sources d'énergie hydraulique, solaire,
thermo-nucléaire, éolienne, thermique des mers, marémotrice, ther-

TROISIÈME PARTIE

INDUSTRIALISATION DE L'AFRIQUE NOIRE

La concentration simultanée des sources d'énergie et de matières premières permet de dégager en Afrique Noire huit zones naturelles à vocation industrielle.

1) LE BASSIN DU ZAÏRE

Avec ses 650 milliards de kWh de réserves annuelles d'énergie hydraulique (près des 2/3 de la production mondiale), il est appelé à devenir la première région industrielle de l'Afrique, le centre principal de notre industrie lourde. Au stade définitif, l'énergie hydraulique fournira l'électricité nécessaire aux différentes branches de l'industrie alimentée par les réserves de

---

mique des volcans, géothermique et la houille rouge ne sont pas polluantes, contrairement au charbon, au pétrole et à l'énergie atomique.

matières premières des territoires avoisinants : le charbon cokéfiable de l'Afrique du Sud et de la Rhodésie
du Sud[24], le fer de l'Angola et même du Zaïre, le cobalt
(65 % de la production mondiale); le chrome (1/3 de la
production mondiale); le tantale (85 % de la production
mondiale : Nigéria); le cadmium, le vanadium, le manganèse, l'étain, le cuivre (à cheval sur le Haut Shaba et
la Zambie), minerai le plus riche du monde; le zinc, le
plomb, l'argent, le diamant industriel, l'or, l'uranium
(premier exportateur mondial, 60 à 70 % : mines de
Shinkrolobwe)[25].

L'abondance, à la fois, de l'électricité d'origine
hydraulique et des métaux non ferreux, confère à cette
région une vocation toute spéciale pour la fabrication
d'aciers spéciaux à usage stratégique ou domestique,
aux multiples applications industrielles: aciers au
chrome (blindage, corrosion), aciers au chrome wolfram
cobalt (à coupe rapide), au silicium (usages industriels,
dynamo), au cobalt (pour la fabrication d'aimants per-
manents, grâce au grand champ coercitif qu'ils peuvent
recéler : 300 œrsteds); aciers au tantale (hautes tempéra-
tures), acier au manganèse (résistance aux chocs).

Seules, les régions privilégiées en électricité peuvent
se spécialiser dans la fabrication de ces aciers dits électriques ou au four. Il en est de même en ce qui concerne
l'installation d'une industrie électro-métallurgique en
général pour le traitement des sous produits, des minerais de cuivre (plomb, étain, argent), pour l'affinage de

---

24. Zimbabwé.
25. Epuisé depuis à la suite d'une extraction mécanique intense; une
partie du minerai serait probablement stockée à Oolen en Belgique.

ce métal, du zinc, de l'étain, du plomb, pour la fabrication du fer électrolytique, du magnésium par électrolyse de l'eau de mer, de l'extraction d'hydrogène lourd de celle-ci, plus tard, lorsque l'énergie thermo-nucléaire sera domestiquée.

Cette région est aussi privilégiée que le Canada pour le traitement de la bauxite venant des autres pays et la création d'une industrie d'aluminothermie. Des découvertes éventuelles de minerai de fer à teneur supérieure à 25 % et de bauxite conféreraient à ce pays la primauté indiscutable pour l'installation de notre industrie lourde.

Grâce aux alliages légers, on peut prévoir sur la côte atlantique un important centre de constructions aéronautiques (avions, fusées). De même, les aciéries alimenteront les centres de constructions navales, d'automobiles, de machines agricoles, etc. Le Zaïre pourra même exporter des tôles et des tubes vers d'autres centres éventuels de constructions navales et aéronautiques comme Dakar, Mombasa, etc. Le site est également favorable, à cause de la forêt vierge, à l'installation d'une industrie variée du bois, depuis le contreplaqué jusqu'à l'industrie chimique de distillation du bois, avec ses produits dérivés (alcool méthylique, acétone, goudron, dérivés cycliques qui pourront servir de matière première de synthèse à une industrie de colorants); des industries de pâte à papier, de tissus artificiels à partir de la cellulose, de matières plastiques, etc., seront également créées à partir de la forêt. Grâce à l'usage systématique des insecticides qu'il faudra choisir non cancérigènes, l'Afrique équatoriale sera la région d'élevage de l'avenir avec ses immenses prairies vertes en toutes saisons.

Les autres plantes industrielles cultivées au Zaïre : oléagineux (palmeraies), hévéas, coton, canne à sucre, café, cacao, donnent une idée de la multiplicité des industries qui seront forcément concentrées dans cette région : usines de pneumatiques grâce à l'hévéa et au coton ; le coton servant d'entoilage, tandis que le soufre extrait comme sous-produit de la métallurgie du zinc (blinde) pourrait servir à la vulcanisation du caoutchouc ou à la production d'acide sulfurique. Dans le même ordre d'idée y seront installées des sucreries et des raffineries, des usines de filature et de tissage et des huileries-savonneries. Certaines de ces industries existent déjà dans la région, mais d'une façon tout à fait sporadique; ce sont des industries complémentaires qui seraient bien incapables de satisfaire les besoins du continent africain et d'exporter le surplus de leur production.

Après avoir alimenté toutes ces industries, l'excédent d'énergie électrique du bassin du Zaïre pourrait servir d'énergie d'appoint, suivant les saisons, aux autres régions d'Afrique, surtout tropicales, grâce à une interconnection des usines de production. Cela supposerait une entente préalable de tous les territoires africains, avant les premières installations importantes, pour la standardisation de certaines normes, telles que période du courant produit, etc.

Mais bien que la majeure partie de notre uranium provienne de cette région et d'Afrique du Sud (qui possède également un important gisement de thorium), il serait absurde d'y créer des centrales nucléaires dans l'avenir, vu l'abondance des autres sources d'énergie : hydraulique et pétrolière peut-être.

Les centrales nucléaires et thermiques, en général, seront réservées aux régions tropicales qui, apparemment, sont déficientes en sources d'énergie (mais nous stockerons les déchets radioactifs en attendant de nouvelles études). Je dis « apparemment déficientes », parce qu'il est à peu près certain que les prospections pétrolières systématiques entreprises maintenant en Afrique tropicale (Sénégal, Soudan, Niger et Sahara du Sud), bouleverseront complètement la physionomie énergétique de ces régions. Cela semble particulièrement vrai pour ce qui est du Sénégal et de la Côte-d'Ivoire.

D'autre part, on est loin d'avoir épuisé toutes les possibilités d'équipement hydro-électrique, non prohibitif, des tropiques, malgré le régime des cours d'eau. Le Zaïre peut créer également une industrie importante de chimie minérale (divers engrais), de chimie synthétique, et une industrie du ciment. Les cimenteries seront alimentées par les argiles et calcaires locaux, les charbons maigres, non cokéfiables, des autres régions (Nigéria, Tanzanie, avec ses 7 milliards de tonnes de réserves).

Le développement systématique de la culture vivrière du riz au Zaïre, au Nigéria, Dahomey, Togo du Sud, en Côte-d'Ivoire, en Guinée, en Casamance, vallées du Sénégal et du Niger, au Soudan, autour du lac Tchad, etc., et en Afrique Orientale, doit être poursuivi de manière à réaliser un bouleversement dans les habitudes alimentaires, à remplacer le mil par le riz, comme base de l'alimentation nationale.

Ainsi, dans un proche avenir, dans trois domaines vitaux : l'alimentation (riz), l'habillement (cotonna des), le logement (ciment et béton), l'Afrique pourra cesser de dépendre de l'extérieur en cessant d'importer, soit d'Asie, soit d'Europe, ces produits indispensables à son existence.

La pêche industrielle du requin pour les huiles vitaminées, et de la baleine dans la région du Gabon, est

réputée. Les côtes poissonneuses de l'Afrique occidentale, en général, font contraste avec celles de l'Europe,
qui sont de plus en plus pauvres en poissons. On peut
donc prévoir toute une industrie nationale de la pêche
sur toute la côte africaine, en particulier au Zaïre. Il faut
mentionner également l'importance de la pêche en eau
douce, compte tenu du fourmillement de poissons dans
le fleuve Zaïre, ainsi que l'industrie de conserves qui lui
est nécessairement corollaire. Ici encore, la métallurgie
de l'étain donnerait tous les emballages requis par cette
industrie et toutes les autres industries alimentaires de
conserves, de fruits « équatoriaux », etc.

Une industrie spéciale de frigorifiques et du froid en
général sera développée ou créée corrélativement dans
toute l'Afrique équatoriale et tropicale.

Le bassin du Zaïre, par une contradiction presque
dramatique, recèle aujourd'hui la quasi-totalité de nos
richesses continentales, alors qu'il est la région la moins
peuplée du continent. Au total 19 millions contre 14
au Sahara, avec une densité de 2 à 3 habitants au km².
Donc, région aussi riche que désertique, presque aussi
déserte que le désert. Cette faiblesse intérieure devra être
compensée dans l'avenir par une politique d'hygiène
et de développement systématique des naissances, par
une politique démographique appropriée, à l'exclusion
de toute immigration massive d'étrangers ou de main-
d'œuvre étrangère ; dans l'immédiat, c'est-à-dire dans les
premières années d'industrialisation, un appel judicieux
de la main-d'œuvre des territoires africains avoisinants
suffira, compte tenu de la mécanisation de l'agriculture et
de l'automation, à suppléer à la carence de main-d'œuvre.

La notion d'optima de population doit être révisée.
Elle n'a plus du tout la même signification qu'avant

l'automation. Quoi qu'il en soit, le problème du repeuplement de l'Afrique, de la reconstitution de sa population décimée par l'esclavage et non pas seulement par la maladie, comme on l'a souvent dit, reste un problème aigu pour tous les Africains.

Le Zaïre, le Congo, avec une grande partie de l'Afrique Equatoriale, forment en quelque sorte la même zone naturelle, avec les mêmes caractéristiques économiques. C'est la raison pour laquelle je n'ai pas cherché à séparer artificiellement les deux rives du Zaïre dans une revue comme celle-ci.

L'importance du bassin du Zaïre est indéniable pour tous les Africains, en particulier pour nous, Africains francophones, qui sommes plus aptes que nos camarades d'expression anglaise, portugaise ou autre, à entrer directement en rapport avec les ressortissants de ce territoire en vue de tisser à temps entre nos peuples des liens définitifs, pour bâtir notre avenir commun.

Tous les pays africains devraient participer à l'équipement industriel de cette région, en particulier à la reprise de la construction du barrage d'Inga, qui était prévu pour une production de 400 milliards de kWh annuels au Zaïre.

2) RÉGION DU GOLFE DU BÉNIN

La région centrée sur le Nigéria (delta du Niger) et encadrée par le Dahomey et le Togo à l'ouest et le Cameroun à l'est, est également un centre futur d'industries.

Les réserves hydrauliques s'élèvent au total à 250 milliards de kWh annuels (200 pour la Sanga maritime et 50 pour le Nigéria). Le pétrole vient en outre d'être découvert au Gabon ; l'ensemble des indices recueillis permet de faire une large part au pétrole parmi les diverses sources d'énergie qui permettront d'équiper le pays.

On a déjà dit que le Nigéria monopolise le tantale. On y trouve également de l'étain, du charbon non cokéfiable, et d'immenses réserves de lignite de l'ordre de 200 millions de tonnes. Le Cameroun produit de l'uranium, de l'étain et de l'or. Une industrie de l'aluminium est déjà installée dans la région grâce au barrage d'Edéa.

On pourrait donc favoriser dans cette région le développement d'une puissante industrie électro-métallurgique, électro-chimique, chimique, cette dernière utilisant le charbon pauvre comme une matière première de synthèse.

Tout le Sud du Nigéria, du Togo et du Dahomey, bien que très humide, a été déboisé au profit des cultures, si bien que la forêt dense y a disparu ; mais elle existe encore, compacte, au Cameroun maritime, dans le bassin de la Sanaga. Là, elle pourrait encore donner l'essor à une puissante industrie chimique du bois : distillation, pâte à papier, tissus artificiels. Dans un premier stade, on pourrait également utiliser le charbon pauvre dans des centrales thermiques au nord du pays. La présence du palmier à huile, du cocotier (coprah), l'hévéa pour le Cameroun, la canne à sucre, le cacao, permettent de créer les industries correspondantes : huileries-savonneries, usines de pneumatiques favorisées surtout par la présence du coton pour l'entoilage ; sucreries et raffineries, etc. On pourrait développer systématiquement la culture vivrière du riz dans la région du delta.

3) LE GHANA ET LA CÔTE-D'IVOIRE

Les deux pays disposent ensemble de 25 milliards de kWh de réserves annuelles, avec l'équipement de la Haute-Volta, de la Bandama et de la Comoé. L'aptitude du Ghana à recevoir une industrie d'alumino-thermie est évidente : la bauxite y abonde et voisine avec l'énergie hydraulique.

Le barrage d'Agéna est prévu pour une puissance de 450 000 kW.

Le manganèse, dont le Ghana a le quasi-monopole en Afrique, pourrait trouver une utilisation locale appropriée, dans la fabrication d'acier électrique, si des prospections systématiques par avion et autres, révélaient la présence de fer et de métaux non ferreux en Ghana et Côte-d'Ivoire. Pourtant, même dans ce cas, il faudrait que le Ghana importe du charbon d'Afrique du Sud, de Rhodésie ou même d'Europe, plutôt que de profiter de la proximité de la forêt ivoirienne, qui est une forêt dense, pour tenter de faire de l'acier au bois. Une pénurie absolue de charbon, seule, pourrait justifier le recours à ce procédé, si je puis dire, barbare. Même en Afrique équatoriale, au Congo, où règne en maîtresse la forêt dense, je me suis refusé d'envisager ce recours. Notre forêt, en particulier celle de la Côte-d'Ivoire, doit avoir un destin essentiellement chimique. La Côte-d'Ivoire est particulièrement désignée pour recevoir une industrie chimique de la forêt, au même titre que les deux régions précédemment citées, avec les mêmes variantes : une industrie du bois, dans toute sa généralité.

Le Ghana et la Côte-d'Ivoire réunis monopolisent plus de la moitié de la production mondiale de cacao. Nous verrons à la fin que l'or de la Côte d'Ivoire, du

Ghana, du Cameroun, les diamants du Zaïre et de l'Angola devront avoir une destination tout à fait spéciale[26].

Les richesses de la Côte-d'Ivoire sont, jusqu'ici, essentiellement agricoles. On peut installer dans l'ensemble de cette région des usines de conserves de fruits et légumes (ananas, bananes, cacao, ignames...), des huileries-savonneries, et y développer la culture intensive du riz.

4) GUINÉE - SIERRA LEONE - LIBERIA

C'est une région métallurgique par excellence, tout à fait désignée pour l'installation d'un puissant combinat, comme plusieurs auteurs l'ont déjà signalé. En effet, elle totalise plus de 25 milliards de kWh de réserves annuelles d'énergie hydraulique.

Le barrage de la Konkouré, en basse Guinée, est prévu pour une puissance de 200 000 kW.

Le minerai de fer de la presqu'île de Kaloum titre 50 %. Il est évalué à 2 milliards de tonnes de réserves. La bauxite des Iles de Loos, en Guinée, est évaluée à 10 millions de tonnes de réserves. On trouve, disséminée, de la bauxite dans d'autres région du territoire, jusqu'en Haute-Guinée. Il faut ajouter à ces minerais le fer du Liberia (Boni-Hills). On trouve également du diamant industriel au Macenta et de l'uranium. Toute cette région, depuis le Liberia jusqu'en Guinée, est favorable à la culture de l'hévéa.

En important du charbon, on pourrait donc y installer une puissante métallurgie en même temps qu'une alu-

---

26. Cf. Investissements, page 113.

mino-thermie et des usines de pneumatiques. C'est dire que la région est un futur centre industriel de constructions automobiles et aéronautiques (avions, fusées balistiques, interplanétaires, etc.). On pourrait également y installer des huileries savonneries, grâce à la présence du palmier à huile et autres oléagineux, des industries de conserves alimentaires : ananas, bananes, etc.

On peut y développer la culture intensive du riz, de la noix de cola, ainsi qu'en Côte-d'Ivoire celle des épices, du café, de l'indigo.

5) ZONE TROPICALE (SÉNÉGAL - MALI - NIGER)

Ces régions sont réputées pauvres en énergie. Cette impression défavorable ne nous dispense pas d'examiner par-delà les apparences plus ou moins dramatiques quel pourrait être l'avenir industriel de ces pays.

La prospection pétrolière, poursuivie de plus en plus systématiquement dans le sud du Sahara, est appelée vraisemblablement à bouleverser dans un proche avenir toute la physionomie énergétique de ces régions tropicales, jusqu'ici apparemment déshéritées.

Le pétrole fournirait à la fois la source d'énergie indispensable à l'installation de centrales thermiques (au fuel) et une base importante de matières premières pour une industrie chimique du pétrole. On connaît toute la gamme des produits et sous-produits tirés par extraction et synthèse des dérivés du pétrole (engrais, pharmacie, matières plastiques, insecticides, caoutchouc synthétique, tissus artificiels...).

L'abondance de l'énergie hydraulique dans les autres régions de l'Afrique (équatoriale surtout) a conduit à minimiser les possibilités hydro-électriques du Sénégal et du Mali en particulier.

Si l'on envisage l'industrialisation de ces régions et leur équipement énergétique dans le cadre d'un plan d'ensemble, conçu à l'échelle de l'Afrique, l'installation de certaines industries, comme l'exploitation de certaines ressources énergétiques, deviennent ridicules, sinon absurdes, tout au moins dans la première phase de l'industrialisation générale. Ainsi, c'est seulement dans le cas d'une sorte d'autarcie industrielle (si le Sénégal et le Mali n'arrivaient pas dans l'immédiat à s'entendre avec les autres territoires), que l'on pourrait envisager l'installation d'une micro-métallurgie à Kédougou.

Dans le cas contraire où les concessions réciproques permettraient, non seulement l'interconnexion des lignes de distribution d'énergie, mais également la spécialisation industrielle des territoires, le Sénégal et le Mali devraient s'orienter résolument vers l'implantation d'une puissante industrie du textile, du ciment, du pétrole et de la pêche[27].

La vallée du Sénégal, la région du Macina et la boucle du Niger seraient aménagées selon l'ancien projet de l'Office du Niger, pour une production intensive du coton (parallèlement à la culture du riz).

Dans les régions tropicales et équatoriales du monde, en Afrique en particulier, on peut prévoir, pour des raisons d'hygiène et de climat, que les textiles artificiels n'élimineront jamais totalement les cotonnades dans

---

27. Il faut envisager la création d'un marché national de l'énergie. Ultérieurement suggérer des recherches sur le transport de l'énergie en courant continu (ex. interconnexion Suisse Allemagne-Italie).

l'habillement[28]. On pourrait donc transformer les deux zones tropicales de l'Afrique, de part et d'autre de l'Equateur, en zones industrielles du textile, non seulement pour l'alimentation du marché intérieur, mais pour une exportation virtuelle.

L'industrie textile a ceci de particulier : les installations sont robustes et peuvent durer de l'ordre d'un demi-siècle, mais sont vite démodées. C'est la raison pour laquelle l'industrie textile des vieux pays, avec ses installations anciennes (France en particulier), est essoufflée et ne peut pas concurrencer celle des pays neufs aux installations ultra-modernes, hautement mécanisées. C'est ainsi que le Japon et l'Inde exportent des cotonnades jusqu'en Afrique Noire.

Il faudra installer une industrie complète de filature et de tissage pour tisser à la fois le coton pour l'habillement, le jute et le sisal pour les emballages (sacs de traite d'arachides, etc.). Ceci implique le développement ultérieur de la culture du jute et du sisal, que l'on pourrait même importer en cas de pénurie, du Zaïre et de la Tanzanie.

On tissera également des fibres artificielles provenant de l'industrie chimique du bois de la Casamance (voir ci-dessous). De même, les tissus ainsi fabriqués dans le Nord pourraient servir éventuellement d'entoilage pour les pneumatiques fabriqués dans les usines de la Casamance, à partir des plantations d'hévéas, dont il sera question plus bas.

L'industrie textile utilise essentiellement la main d'œuvre féminine (50 à 60 %), ce qui est intéressant

---

28. A moins que la chimie, cette fée de l'ère industrielle, ne réalise un jour une fibre artificielle qui ait les mêmes propriétés que le coton.

pour une politique de plein emploi ; elle pourrait, d'autre part, faire revivre des villes comme Saint-Louis du Sénégal.

Industrie de matières colorantes - Elle est l'industrie sœur de celle du textile, aussi le Sénégal et le Mali devront-ils les développer parallèlement. Cette région des tropiques peut absolument devenir le site d'une future « I.G. Farben » africaine.

Compte tenu de l'abondance des ressources énergétiques de l'Afrique Noire, il apparaît de moins en moins nécessaire de fabriquer des combustibles synthétiques à partir du charbon pauvre (l'essence, par exemple, selon le procédé Fischer-Trops).

Une industrie chimique de matières colorantes dans nos régions sera donc tout naturellement destinée à recevoir, comme matière première, le charbon pauvre du Nigéria, qui donnera, par distillation, les dérivés cycliques nécessaires à l'industrie des matières colorantes pour l'impression des tissus.

En réalité, une industrie aussi puissante pourrait facilement se différencier et s'étendre aux différents domaines de la synthèse des produits de consommation.

Industrie du ciment - Le marché africain est aussi insatiable en ciment qu'en textile, sinon plus. Toute la côte sénégalaise, grâce à la présence de calcaire et d'argile que l'on trouve partout[29], peut développer une industrie du ciment de première importance. Il suffira de se procurer le charbon nécessaire au chauffage des fours au Nigeria, en Tanzanie, en Afrique du Sud, ou en Europe. On instal-

---

29. Marrnes et calcaires tertiaires sur toute la côte, de Dakar à Joal.

lera également des briqueteries et tuileries (argile locale).
De même, des glaceries à partir du sable des plages et
d'ailleurs : le verre n'est qu'un silicate de soude et sa
fabrication se ramène à une réaction chimique.

Le jour où l'on aura trouvé suffisamment de pétrole
dans nos territoires du Sénégal, du Mali, du Niger ou dans
le Sahara, le problème du chauffage des fours sera résolu.
On remplacera le charbon par le mazout.[30]

Industrie des oléagineux - Les forêts de palmiers
à huile, qui poussent naturellement de la Casamance
à Saint-Louis du Sénégal, en passant par la région des
Niayes, permettent l'installation d'importantes huileries-savonneries à Ziguinchor, dans le Djander, à Saint-
Louis, en plus de celles qui existent déjà à Dakar et qui
traitent actuellement les deux tiers de la production d'arachides du Sénégal. On pourra augmenter la culture de
l'arachide avec moins d'efforts humains, en passant résolument de la méthode extensive à la méthode intensive,
par l'usage des engrais et la mécanisation (arracheuses,
batteuses, stations collectives, etc.). Les huileries africaines qui traitent l'arachide n'importent plus le charbon,
qui est remplacé par les cokes. Tandis que les tourteaux
sont utilisés dans l'élevage.

On peut répandre et développer la culture du ricin, qui
fournit une huile industrielle hautement appréciée, entre
autres raisons parce qu'elle supporte de hautes tempéra-
tures sans s'enflammer (moteur d'avion, etc.).

La culture du coton fournirait également un appoint
d'huile à traiter grâce aux graines.

---

30. Une politique économique éclairée devra favoriser systématiquement la prospection pétrolière sous certaines conditions.

Pêcheries – Dans les années à venir, la nécessité apparaîtra de créer sur les côtes du Sénégal une véritable flotte de pêche de haute mer pour tirer le maximum de profits industriels des bancs de poissons, de crustacés qui vivent dans ces régions. Les pêcheries de Port-Etienne sont très réputées (langoustes, thons), et les pêcheurs européens (Bretons), dont les côtes se dépeuplent de poissons, viennent passer des mois en tiers, chaque année, sur toutes les côtes de l'Afrique occidentale.

Les requins foisonnent au large de Dakar; or, on sait que ce poisson fournit une huile vitaminée qui est très appréciée en pharmacopée.

Une telle flotte, bien équipée, pourrait descendre jusqu'à Pointe-Noire, au large du Gabon, et se risquer même à la pêche à la baleine, dont l'importance industrielle est indéniable. On sait qu'à la suite d'études scientifiques minutieuses, ces parages des côtes africaines se sont révélés favorables à cette pêche.

Toutes sortes d'industries de transformation dérivent de l'industrie principale de la pêche; depuis les usines de conserves jusqu'aux margarineries, industries pharmaceutiques, etc.

Une industrie du froid tirée directement du soleil, ou d'autres sources d'énergie, dans l'immédiat, permettrait de ravitailler en poissons frais, non seulement les régions bordières, mais l'intérieur du pays en toutes saisons.

Industrie chimique du bois - Faute d'un accord conclu à temps, le Sénégal du Sud (Casamance) sera amené à développer une industrie chimique du bois qui serait superflue en d'autres circonstances.

La Casamance est une région humide relativement boisée: mais la forêt vraiment dense, caractéristique de l'Afrique équatoriale, ne s'y rencontre plus que sous la forme d'îlots. Pour qu'elle soit apte à recevoir une industrie chimique du bois, compte tenu de la faiblesse du recrû annuel de nos forêts (0,22 m² en moyenne), il faudra même y pratiquer un reboisement scientifique.

Pour recréer la forêt dans les meilleurs délais, il faudrait même s'orienter, comme on l'a déjà préconisé pour d'autres régions, vers l'utilisation de plantes à pousse rapide (cactus, même annuels : papyrus, etc.). La règle d'or de l'économie du Mali et du Sénégal est de ne plus déboiser la moindre parcelle de terrain. Le déboisement de la forêt casamançaise pour l'extension de la culture d'arachides, par des compagnies privées, est une catastrophe nationale. Les espaces offerts dans le Nord (cela vient d'être souligné ci-dessus) suffisent largement pour la culture de cet oléagineux, si on fait usage des nouvelles méthodes scientifiques.

La Casamance, ainsi reboisée méthodiquement, pourrait fournir la matière première à une industrie chimique du bois, installée sur le territoire même dans la banlieue de Zinguinchor, par exemple.

On produira de la pâte à papier, du papier pour la consommation intérieure (journaux, administration, imprimerie), des fibres textiles à destination des usines de tissage de la vallée du Sénégal et de la boucle du Niger; fabriques d'allumettes, explosifs. La distillation du bois fournirait des goudrons, des dérivés cycliques, pour l'industrie des matières colorantes, de l'alcool méthylique, de l'acétone, etc., pour la synthèse chimique locale.

La Casamance pourra reprendre, d'autre part, la culture de l'hévéa, qui a été abandonnée aux environs de 1910 au profit de la culture de l'arachide, ainsi que celle de la canne à sucre en vue de la création de raffineries de sucre.

La culture de l'hévéa, reprise sur un plan méthodique et scientifique, ferait de la Casamance l'aboutissement de cette zone naturelle du caoutchouc qui s'étend depuis la Côte-d'Ivoire en passant par le Libéria et la Guinée.

L'industrie des pneumatiques, qui lui est corollaire, serait installée dans la région et pourrait contribuer à soulager celle du combinat Guinée Sierra Leone.

Quoi qu'on dise, les nouveaux procédés de synthèse sont loin de détrôner le caoutchouc naturel, car le problème de la matière première n'est nullement résolu de façon satisfaisante. Le nouveau procédé de synthèse du caoutchouc naturel utilise l'isoprène comme matière première, et le lithium comme catalyseur. On obtient la même régularité de ramifications des radicaux méthyl de part et d'autre de la chaîne principale que dans l'hévéa naturel. Le prix de revient de l'isoprène de départ permet de concurrencer, dans une certaine mesure, le caoutchouc naturel.

De toute façon, pendant de longues décennies, il sera encore absurde qu'un continent aussi favorisé que l'Afrique pour les plantations d'hévéas, s'oriente vers la synthèse du caoutchouc naturel.

Dans les régions de cultures maraîchères, comme Bargny près de Rufisque, Tivaouane, Diourbel, Kaolack, Ziguinchor, on pourra installer d'importantes usines de conserves alimentaires variées (mangues, goyaves, ananas, etc.).

Le Sénégal peut pousser davantage sa spécialisation dans l'industrie chimique en installant des usines d'engrais phosphatés (Taiba), potassiques et nitriques pour le ravitaillement des différentes zones agricoles d'Afrique.

Culture du riz -Le vieux projet de l'aménagement de la basse vallée du Sénégal envisageait de remplir le lac de Guiers avec les eaux de crue, ce qui permettrait, pendant la décrue, de dessaler avec ces eaux de réserve les berges du fleuve. On pourrait ainsi cultiver 50 000 hectares de riz. Ajoutons qu'une telle réserve d'eau, au moment de son utilisation à des fins agricoles (et lors du remplissage) pourrait servir comme force motrice à broyer les céréales (mil et autres) dans des minoteries (le lac mesure 50 km sur 10 km environ). L'autre projet, non moins vieux, de l'Office du Niger (1932), prévoyait également pour la culture du coton et du riz la mise en valeur d'un million d'hectares de terrains, répartis entre la boucle du Niger (région du lac Debo) et le delta intérieur (Macina) situé entre le Niger et le Bani.

La culture du riz, comme celle du coton, demande une main-d'œuvre abondante; aussi, avant l'avènement de la mécanisation à outrance, l'Asie, grâce à sa forte densité humaine, a-t-elle presque monopolisé la culture du riz selon les méthodes traditionnelles.

Mais il est déjà dit plus haut que l'automation et la mécanisation bouleversent aujourd'hui le vieux concept de l'optima de population, et que des régions relativement dépeuplées - c'est le cas du Sénégal et du Mali - qui, parallèlement à une politique de repeuplement, adoptent les nouvelles méthodes scientifiques, pourraient se tirer d'affaire grâce à une mécanisation à outrance de l'agriculture et une automation aussi complète que possible de l'industrie au stade définitif. Il faut faire en sorte que le riz remplace le mil dans l'alimentation nationale.

Des centres d'extraction pétroliers entièrement automatiques sont édifiés dans le bassin de la Volga et contrôlés à distance par un poste central unique. Ces centres permettent de quintupler la production de l'U.R.S.S.

A Dartmoor, en Angleterre, la première centrale électrique robot du monde, commandée à 150 km de distance, est mise en marche cette année (1960).

Reboisement – La zone sahélienne, d'autant plus désertique qu'on remonte vers le nord, est la zone de reboisement par excellence. Aussi, dès 1950, avions-nous proposé une formule de reboisement de ces régions. Cette formule, qui avait été approuvée à l'époque par le peuple sénégalais et prise en considération par l'administration, fut laissée par la suite dans les tiroirs.

Les méthodes appliquées dans le sud de l'U.R.S.S. (Voronej) pour recréer l'humidité dans cette région, nous seraient d'une grande utilité. Il importerait d'en tirer le maximum d'enseignement avant d'entreprendre aujourd'hui le reboisement de la zone sahélienne à l'échelle du continent. L'homme peut recréer l'humus sur le sable aride.

Bien que la vocation du Mali pour l'installation d'une industrie chimique et textile et pour la culture du riz soit évidente, le dernier mot n'est pas dit. Dans une phase ultérieure, si l'unification de l'Afrique rencontrait des difficultés momentanées assez importantes, le Sénégal pourrait installer une industrie lourde en important du charbon cokéfiable pour le traitement du fer de Mauritanie (50 000 000 de tonnes de réserves à la Montagne de Fer, près de Fort-Gouraud) et de Kédougou.

Le cuivre de la même région pourrait être traité grâce à l'énergie hydro-électrique provenant du barrage de Gouina, dont il va être question ci-dessous. Le titane, qu'on trouve en abondance dans les sables côtiers (Casamance, Rufisque, Petite Côte), avec d'autres métaux non ferreux, pourrait constituer le point de départ d'une métallurgie des alliages légers qui, dans l'avenir, avec le nouvel essor de la construction aéronautique et astronautique, revêtiront une importance capitale.

Il importe aussi de mettre l'accent sur la future source prépondérante pour l'alimentation de la métallurgie. Il s'agit de la récupération des ferrailles de toutes sortes. Il est évident qu'au fur et à mesure que les mines des différents métaux s'épuisent, la récupération de la vieille ferraille devient progressivement l'unique moyen de se ravitailler en métal. Dans les années qui précédèrent la guerre, l'industrie lourde allemande (Krupp et Thyssen) était ravitaillée pour une grande part par la récupération de ferraille, c'est-à-dire que de nombreux blindés et cuirassés d'Hitler provenaient de cette source. Nous nous souvenons encore des navires qui stationnaient à Dakar pendant des semaines, achetant la ferraille, même par kilo, ramassée par les badauds, les enfants, les chômeurs de toutes catégories.

Vis-à-vis de cette source de ravitaillement qui, même à l'heure actuelle, est importante, le Sénégal est aussi privilégié que n'importe quel territoire. Mais dans l'immédiat, la source principale resterait le fer presque pur de la Mauritanie, dont le lieu de traitement naturel est le Sénégal. Les efforts qu'il faudrait fournir pour installer un combinat en Mauritanie, soit en fabriquant l'eau douce à partir de la mer (suivant les nouveaux procédés) et pour l'acheminer sur des centaines de kilomètres par pipe-lines (acqueducs), soit en faisant des travaux d'aménagement pour atteindre à un endroit approprié le lac d'eau douce sur lequel reposerait le Sahara[31], sans compter les autres travaux d'aménagement dans un endroit désertique et sans arrière-pays, sont tels que ce travail serait prohibitif.

Quoi qu'il en soit, l'avenir de Dakar, comme port principal de constructions aéronautiques et maritimes, se dessine d'une façon très nette. Même sans industrie lourde sur place, Dakar deviendra dans l'avenir, grâce à sa situation privilégié, à l'abri qu'il offre, un des principaux centres africains de constructions navales, en important les tôles sorties des laminoirs des combinats avoisinants de Guinée ou du Zaïre.

Tandis que Dakar continuerait à se développer, une fraction des nombreuses industries ci-dessus citées, en particulier textiles et matières colorantes, dûment installées à Saint-Louis, feraient renaître cette vieille capitale où abonde une gracieuse main d'œuvre féminine inemployée.

Elevage - La maigreur du bétail dans la zone sahélienne (Sénégal, Mali) est proverbiale. Une vache produit presque dix fois moins de lait qu'en Europe. Les barrages d'irrigation qui seront construits sur les fleuves permettront, outre la culture du riz et du coton, celle de plantes fourragères et la création de prairies artificielles pour le bétail, dont, réciproquement, les excréments constituent un engrais complet contenant à la fois de l'azote, de la potasse et du phosphate; c'est-à-dire, les

---

31. Un cinquième de la superficie du Sahara reposerait sur de l'eau douce, entre 1200 et 1400 mètres de profondeur, dans l'Albien.

trois éléments minéraux dont se nourrissent les plantes et dont le sol s'appauvrit constamment. De même, d'autres sous-produits de l'industrie alimentaire future pourront être systématiquement destinés à la nourriture du bétail : tourteaux, pulpe de fruits des usines de conserves, etc. Nous n'avons pas de mouches tsé-tsé, mais nous n'avons pas non plus de prairies dans le Nord... Il faut installer des éoliennes, non pour produire l'électricité, mais pour l'abreuvage du bétail au Ferlo, l'irrigation, la culture du tabac. En Casamance, il faudra pratiquer l'épandage, par avion, de produits insecticides (DDT, etc.), pour lutter contre la mouche tsé-tsé. L'étude de la commercialisation de certaines plantes, qui pourront ainsi devenir plantes industrielles, doit être entreprise.

Problèmes de l'énergie - En ce qui concerne le Sénégal, il faudrait reprendre l'étude et la construction du gigantesque barrage de Gouilla, situé au Mali, en amont de Kayes[32] ; le site avait été choisi, entre autres raisons, probablement parce que cette partie du lit du fleuve se trouve encore sur le socle ancien où l'eau se perd moins par infiltration qu'en terrain sédimentaire. Ce barrage devait permettre d'irriguer toute la haute vallée pour la culture du coton et du riz, de régulariser le cours du fleuve pour la navigation en fonction des saisons, et en même temps de produire une énorme quantité d'électricité, dont l'utilisation industrielle future n'est pas un problème aujourd'hui pour nous. L'interconnexion des lignes de haute tension collectant l'électricité produite par la cascade d'usines installées en aval du barrage avec les lignes provenant des centrales thermiques les plus

---

32. Coût : 25 milliards de francs légers.

éloignées, situées sur la côte atlantique ou au Mali, ne poserait aucun problème technique particulier de transport. En effet, les distances sont relativement réduites, très souvent moins grandes que celles qui séparent les usines françaises. L'énergie électrique ainsi disponible après la construction du seul barrage de Gouilla suffirait à elle seule pour alimenter toutes les industries du Mali et du Sénégal envisagées dans cette étude.

Toujours en descendant la vallée du Sénégal, on doit, compte tenu de l'irrégularité du débit du fleuve, dont les eaux se perdent surtout par infiltration dans les terrains calcaires, étudier la rentabilité de la construction du barrage de Dagana et celle de micro-centrales qui seraient échelonnées tout le long du fleuve jusqu'à la basse vallée, et auxquelles l'aménagement de grands réservoirs permettrait de fonctionner même en période d'étiage. Il faut voir si l'adjonction de ces réservoirs est plus économique que la construction de micro-centrales sans réservoirs, qui fourniraient seulement une énergie d'appoint à certaines périodes de l'année et qui, pour le reste du temps, pourraient à peine fonctionner au 1/100e de leur puissance installée. Le débit du Sénégal varie en effet de 10 m³ (étiage) à 4 ou 5000 m³ (hautes eaux). L'eau monte jusqu'à 12 m en période de crue. On étudiera de même la rentabilité de barrages sur la Haute Gambie et la Casamance, ces deux fleuves qu'on a négligés jusqu'ici, du point de vue hydro-électrique.

Au stade définitif, on étudiera également la rentabilité d'usines marémotrices à l'embouchure du Sénégal : les eaux de la mer montent jusqu'à Dagana et Podor, ce qui correspond à plusieurs centaines de millions de m³ d'eau de mer que la nature manœuvre à chaque marée

dans les mouvements du flux et du reflux. Il n'est nullement absurde d'envisager de transformer en énergie
électrique l'énergie marémotrice, mécanique, ainsi dis-
sipée dans la nature.

En effet, les trois facteurs qui entrent en jeu : l'unité
de hauteur, le cœfficient de marée, l'établissement du
port, ne sont pas plus défavorables que sur certaines par-
ties des côtes françaises, qui sont pourtant les plus favorisées du monde. La carte de l'amplitude des marées (2
fois le produit de l'unité de hauteur par le coefficient de
marée), donne pour les côtes occidentales de l'Afrique,
à la latitude du Sénégal, 5,4 ; tandis qu'on a, pour la baie
d'Arcachon et l'embouchure de la Garonne, 4,6 ; baie de
La Rochelle, 5,4 ; embouchure de la Loire, 5,2 ; Finistère,
6,4. La faiblesse des amplitudes de marée sur les autres
points de la côte atlantique de l'Afrique (1,6 au Golfe de
Guinée), interdit tout projet d'installation de ce genre.

C'est seulement pour les estuaires situés sur la Manche
qui constitue un bassin de résonance particulier, que ces
amplitudes sont extrêmement élevées et avoisinent même
celles du Canada. Estuaire de la Rance : 11,4 ; baie du
Mont Saint Michel : 12,5.

L'abondance des sites favorables en France et les
énormes frais que nécessite l'installation des usines marémotrices ont amené le gouvernement français, d'après R.
Gibrat, à éliminer tous les projets concernant les usines
à faible puissance. Le problème est en réalité analogue
à celui des chutes d'eau à capter et peut être ramené à
deux facteurs : la masse d'eau à manœuvrer et la hauteur
de chute sous laquelle elle est manœuvrée. C'est ce dernier facteur, pour nos côtes de l'Ouest, qui est modeste
ou dérisoire, tandis que l'autre facteur (en l'occurrence
l'étendue des bassins) est extrêmement élevé.

Dans le même ordre d'idée, il faudrait étudier aussi la possibilité d'équiper l'estuaire du Sine-Saloum, où l'eau de mer remonte jusqu'à 70 km à Kaolack; et celui de la Gambie et de la Casamance, qui sont également remontés par la mer sur des dizaines de kilomètres. Les usines seraient munies de turbines à double effet, fonctionnant au remplissage et au vidage. Mais ces installations coûtent cher et il nous faudra commencer par des centrales thermiques, tout en construisant Gouina.

On sait qu'une hauteur de chute minima est nécessaire pour que la force motrice de l'eau soit transformable en énergie électrique par les turbines. S'il s'avérait que cette condition fondamentale n'était pas remplie après une étude complète des estuaires de nos fleuves, on pourrait essayer sans trop de conviction de palier cet inconvénient majeur:

a) par siphonnage dans des bassins de plus en plus surélevés, comme cela est prévu dans les projets de la Manche (Rance, Saint-Michel).

b) par la construction d'ouvrages souterrains fonctionnant à simple effet lors du retrait des eaux, en basse marée.

Mais on ne doit pas oublier que l'énergie marémotrice n'est qu'une énergie d'appoint pour l'Afrique Noire.

Elle n'entre pas dans les évaluations qui confèrent à l'Afrique Noire la moitié des réserves mondiales d'énergie hydraulique. Donc, même sans en tenir compte, l'Afrique Noire n'en reste pas moins un des premiers pays énergétiques du monde. La classification ne bouge pas d'un iota; le tableau demeure optimiste.

C'est uniquement pour faire un inventaire complet que nous avons été amené à citer cette source complémentaire, vraiment secondaire, voire hypothétique, d'énergie. On ne doit donc pas se méprendre sur son importance relative.

Dans l'immédiat, les centrales thermiques les plus indiquées sont celles au charbon, vu la proximité de ce combustible[33]. Au second stade, on pourra installer des centrales au diesel fonctionnant au mazout, aussitôt que des découvertes importantes de pétrole seront faites dans le Mali et le Sénégal. Par la même occasion, on installera des centrales brûlant le gaz naturel. Enfin, avec le développement des cadres techniques, nous installerons, dans un proche avenir, des centrales atomiques utilisant le plutonium comme combustible. Nous nous orienterons résolument vers l'utilisation des réacteurs de type piles couveuses ou Breeders, qui sont promises à un très grand avenir, lorsque certaines mises au point seront faites ; on sait que ces piles permettent de réaliser une sorte de miracle industriel, en ce sens qu'elles produisent plus de combustible, c'est-à-dire de plutonium, qu'elles n'en consomment. On voit que l'opération suppose au préalable la création de piles plutonigènes qui seront installées parallèlement, ces dernières utilisant l'uranium naturel enrichi. Le plutonium recevrait, pour la première fois, une destination pacifique. Les futurs centres atomiques africains devront résolument stocker leurs déchets, tout au moins solides, jusqu'à ce que des études sérieuses permettent de déterminer le meil-

---

33. Evidemment, sans la création d'un marché africain du charbon, le fuel coûte moins cher.

L'étude, la conquête, l'organisation de notre marché intérieur, du marché africain, secteur déterminant du marché international, est une tâche urgente.

leur moyen de s'en débarrasser. Le procédé anglais qui consiste à les déposer par pipeline sur les fonds marins est absolument à éviter.

L'énergie solaire pourrait être utilisée dès aujourd'hui à des fins domestiques par des procédés relativement modestes. En Inde, le National Physical Laboratory de Delhi a mis au point différents types de cuisinières solaires (solar-cooker), souvent à forme parabolique. Elles sont très pratiques pour la préparation des repas moyens. En améliorant ce procédé et en popularisant son usage, on pourrait arriver à alléger le travail domestique tout en contribuant d'une façon appréciable à épargner le peu de forêts qui reste : on freinerait, en effet, dans la mesure de l'utilisation de ces cuisinières, le déboisement discret, mais intense et désastreux, pratiqué par les vendeurs de bois mort : les Laobés et autres ...

En France, il existe la cuisinière solaire des campeurs de N. Doumé. Celle de Maria Telkes peut atteindre 100° centigrades, d'après Félix Trombes. L'énergie solaire pourrait être utilisée dans les chauffe-eau et dans les habitations à air conditionné, pour la distillation de l'eau, pour la fabrication du froid, dans un circuit utilisant la dissolution et liquéfaction de l'ammoniac sous 8 atmosphères à la température ordinaire.

Félix Trombes trouve qu'on peut envisager des moteurs solaires à faible rendement (5 %), qui fournissent une énergie mécanique utilisée pour produire du froid avec un rendement, cette fois-ci, de 300 %, selon le principe du cycle frigorifique (= cycle de Carnot fonctionnant en sens inverse). Mais à l'échelle industrielle, rien d'immédiat ne saurait être réalisé ; actuellement, les moteurs solaires coûtent trop cher, et Trombes estime qu'l kW de puissance installée correspond à un prix de revient de 500 000 à 1 million de francs anciens. Pour ce qui est de l'utilisation directe, il envisage alors deux voies possibles, soit une diminution du prix de revient des appareils à rendement faible (5 % environ), soit la construction d'appareils de haut rendement permettant l'usage de turbines.

Il semble que les Italiens aient tenté de commercialiser un moteur fonctionnant à l'aide de fluides facilement vaporisables, tel que l'anhydride sulfureux liquide et gazeux.

On se souvient que des essais avaient été faits en Egypte, par Schumann de Philadelphie, en 1912, en utilisant des miroirs cylindro-paraboliques et travaillant sous pression réduite; il avait réussi à obtenir une puissance de 50 CV et un rendement de l'ordre de 5 %, Mais cette usine, qui se trouvait à Maadi, a cessé de fonctionner depuis 1914.

Avant de tenter cette réalisation industrielle, Schumann avait fait un essai de laboratoire, en quelque sorte, en combinant l'abaissement de la pression et l'effet de serre, en entourant une chaudière plate par un manchon vitreux. On sait que les rayons lumineux qui pénètrent dans une enceinte en verre, après réflection sur le corps qui s'y trouve, acquièrent des longueurs d'onde plus grandes qui les rapprochent des radiations chaudes des infra-rouges et, de ce fait, ne peuvent plus sortir de l'enceinte. En effet, puisqu'il y a augmentation de longueur d'onde, le verre devient opaque, étanche en quelque sorte, par rapport à eux. Il y a donc accumulation d'énergie qui augmente la température. C'est ce phénomène qu'on appelle « l'effet de serre ».

Notre but, en insistant quelquefois sur les détails techniques des réalisations au passage, est de montrer aux jeunes chercheurs éventuels de l'Afrique les perspectives qui s'offrent à eux.

Enfin, d'après Du Jonchay, le site de Cayar, dans le Diander, est favorable à l'installation d'une usine thermique des mers, du type de celle qu'on est en train d'installer à Abidjan.

6) SOUDAN NILOTIQUE - GRANDS LACS - ETHIOPIE

Cette région, plusieurs fois vaste comme l'Europe, possède comme principale source d'énergie les réserves du Nil et de ses affluents, au total plus de 60 milliards de kWh de réserves annuelles. La majeure partie de cette énergie sera fournie par le barrage d'Oven, à la sortie du lac Victoria.

Il existe également des réserves d'uranium.

Le port de Mombasa, au Kenya, sur l'océan Indien, est appelé à devenir un grand centre de construction navale.

Les cultures du coton, de la canne à sucre, de l'agave, du sisal, des palmiers à huile et cocotiers (dans la plaine côtière), permettent l'installation des industries correspondantes.

D'autre part, le maïs, et autres céréales, le café, le thé, sont des cultures vivrières et commerciales. Le pays est également propice à un grand développement de l'élevage (savane).

En s'élevant en altitude, on y rencontre toutes les zones climatiques, jusqu'aux neiges des Monts de la Lune.

Les sites, tout en étant favorables au tourisme, sont indiqués pour l'installation de sanatoria et de centres de repos.

7) BASSIN DU ZAMBÈZE

Le potentiel énergétique du pays s'élèverait, d'après les chiffres publiés par Du Jonchay, à 45 milliards de kWh annuels.

Il existe des réserves d'uranium.

Le bassin charbonnier du Wankie, au Zimbabwe, avec son charbon cokéfiable, est la plus grande réserve africaine de charbon, d'après Du Jonchay. Le bassin de la rivière Ruhuhu, au Tanganyika, contient 6,5 milliards de tonnes de réserves.

Dans le Sud-Ouest africain, les gisements de vanadium peuvent alimenter la fabrication d'aciers résistants pour l'aéronautique et la construction électrique.

Avec le gigantesque barrage qui est en construction sur le Zambèze[34], au Zimbabwé, et la présence de fer, cette région est considérée comme une véritable Ruhr africaine.

8) AFRIQUE DU SUD

Elle est déjà industrialisée par la minorité européenne qui y vit. Elle possède de l'or, du diamant, du charbon (Transvaal, Natal) cokéfiable, de l'uranium, du thorium (Cap), une laine de qualité internationale, grâce à l'élevage du mouton mérinos.

---

34. Et qu'une victoire politique devra mettre au service du peuple.

La culture de la canne à sucre est prospère sur la côte de l'océan Indien. Il semble que le désert du Kalahari, qui borde le pays au nord, soit aussi important que le Sahara au point de vue réserves de pétrole.

9) MOYENS DE TRANSPORT

Dans une première phase, on doit créer des routes modernes, des autostrades cimentées ou goudronnées transcontinentales et une puissante aviation civile.

La construction de nouveaux chemins de fer, avec toutes les difficultés qu'elle implique, sera reléguée à une phase bien ultérieure. Par contre, tous les spécialistes sont d'accord pour souligner l'importance de l'hydravion comme moyen de transport intérieur en Afrique, vu la multiplicité des lacs et cours d'eau. L'hydravion et l'hélicoptère excelleraient surtout dans la liaison des moyennes distances. Ainsi, il n'y aurait aucune concurrence avec l'aviation civile ultra rapide. Ce qu'il faut donc noter ici, c'est l'absurdité économique, pour un continent neuf comme l'Afrique Noire, d'une politique de construction de chemins de fer dans la phase initiale de son développement. Les chemins de fer vraiment indispensables, après une étude approfondie, et qui seront forcément à traction électrique ou tout au moins au Diesel, seront construits parallèlement au développement de l'équipement électrique et de l'exploitation du pétrole.

Pour les transports maritimes, nous ne construirons plus tard que quelques bâtiments trans-océaniques de luxe pour le tourisme; par contre, le continent devra consacrer une bonne partie de ses efforts à la construction de grands cargos à fort tonnage (40 000 tonnes et plus) : pétroliers, bananiers, méthaniers, etc.

J'insiste sur tous ces détails, car il importe dès le début de dégager une doctrine technique et industrielle qui permette d'éliminer les tâtonnements actuels ou futurs, les erreurs d'orientation qui seraient coûteuses.

10) FORMATION DES CADRES TECHNIQUES

Au début de notre industrialisation, nous commencerons par importer des usines préfabriquées, avec le personnel étranger qualifié, rompu au maniement des appareils pour les avoir conçus et expérimentés. De telles usines peuvent être de toutes sortes : métallurgiques lourdes, chimiques, électroniques, etc., aussi automatisées que possible. Nous savons qu'un technicien africain, placé dans les conditions optima de responsabilité, doit et peut assimiler rapidement les connaissances qui lui permettent de diriger ensuite tout un ensemble dont dépend la vie nationale, c'est-à-dire, progressivement, la vie continentale.

Donc, le moment venu, on doit savoir mettre les techniciens africains en face de leurs responsabilités. Ils devront, en un mot, remplacer les techniciens étrangers auprès des machines et des appareils, dans les meilleurs délais.

La première infrastructure industrielle ainsi installée, nous serons obligés d'abord d'établir des chaînes de montage de machines et appareils divers : tracteurs, avions, automobiles, etc.

Il nous faudra parallèlement acquérir des brevets étrangers pour construire sous licence nos premiers engins et machines modernes : moteurs, différents engins de propulsion modernes (turbo-réacteurs), machines électroniques...

La durée de cette période doit être aussi abrégée que possible, pour que les Africains passent au stade des constructions et des réalisations techniques autonomes, indigènes.

Les cadres subalternes pourraient être formés en grande partie sur les chantiers, dans les usines, sur les lieux du travail.

CONCLUSION

J'ai tracé, jusqu'ici dans l'absolu, un schéma général d'industrialisation, sans mettre l'accent sur le rythme à adopter pour sa mise en œuvre, sans établir une corrélation étroite avec nos possibilités réelles actuelles. Il va sans dire qu'il existe des réalisations industrielles sporadiques en divers points du continent; mais un plan d'ensemble fait défaut pour des raisons faciles à saisir. Il ne saurait précéder l'unification politique, ou du moins l'établissement d'accords multilatéraux.

Quoi qu'il en soit, même ces tâches partielles d'industrialisation ne peuvent être menées avec succès que par l'Etat et le peuple tout entier.

FONDS D'INVESTISSEMENT

Dans tout ce qui a précédé, nous avons cherché à démontrer, contrairement aux allégations courantes, la vocation industrielle du continent; nous avons en particulier souligné que l'avenir économique et industriel du Mali[35] sera nécessairement prospère, contrairement aux pronostics pessimistes, si les réalisations s'engagent résolument dans la voie que nous avons indiquée. Mais après ce recensement dans l'absolu des possibilités du continent, il importe d'indiquer les moyens réels d'investissement dont on pourrait user dès maintenant pour amorcer l'exécution d'un plan aussi vaste.

D'où viendront donc les fonds d'investissement?

Des cinq sources suivantes :

1° Nous serons obligés de faire, au début, une nouvelle N.E.P[36]. Mais la réédition de cette ancienne expérience économique devra être entourée des plus grandes précautions ; il faudrait tout au moins que, dès le départ, les compagnies deviennent mixtes, avec une part croissante de l'Etat.

La nécessité se dégage maintenant, dans le cadre des perspectives que nous avons tracées, d'imposer les secteurs d'investissement aux compagnies privées. Au lieu qu'elles viennent au pays avec leurs équipes de techniciens, qu'elles en recensent les richesses pour choisir ensuite librement le secteur d'exploitation qui leur paraît le plus lucratif, il faut que l'Etat, à partir des nécessités de réalisation de son propre plan d'industrialisation, mette un frein à cette anarchie en orientant les faits économiques.

2° Echanger nos métaux précieux, l'or, l'argent et le platine, contre des devises fortes et des machines : ce qui reste de l'or antique, des minerais du Bambouk et

---

35. Ancienne fédération (Sénégal-Soudan).
36. Nouvelle politique économique.

de la Falémé, du N'Galam au Sénégal et au Mali, l'or du Ghana, du Cameroun, du Zaïre, de la Côte-d'Ivoire, de la Guinée, l'or de l'Afrique Centrale et Orientale, de Rhodésie, l'or de l'Afrique du Sud, lorsque l'unification continentale sera réalisée sur la base de notre suprématie.

De même les diamants de la Guinée, du Cameroun, de l'Angola, du Zaïre, de la Tanzanie et de l'Afrique du Sud serviront aux mêmes fins.

3° La vente de nos matières premières stratégiques excédentaires, aussi longtemps que notre industrie ne pourra les absorber, le manganèse du Zaïre, du Ghana et de la Côte-d'Ivoire, de l'Afrique du Sud, du Cameroun, le tantale du Nigéria, le titane du Sénégal et des côtes africaines, le cobalt du Zaïre, le chrome de l'Afrique du Sud et du Mozambique, le cuivre du Shaba et de Zambie, l'uranium du Zaïre, du Cameroun et de l'Afrique Centrale, le vanadium et le cadmium du Sud-Ouest africain, la bauxite de Guinée, du Ghana, etc. Tous ces minerais non ferreux doivent être, dans une première phase, échangés contre l'installation d'usines entières de toutes sortes, de machines, de biens d'équipement, en vue de l'industrialisation.

Il faut ajouter à cette liste les oléagineux de toute l'Afrique, en particulier du Sénégal, les phosphates du Sénégal et du Mali, l'hévéa des régions forestières, le cacao, le café, la canne à sucre, le thé, les bananes et autres fruits tropicaux, comme la noix de cola, etc.

Enfin, les minerais proprement ferreux de la Guinée, Sierra-Leone, Mauritanie, etc.

Il faudrait qu'une prospection systématique de tout le continent, et du Mali en particulier, permette de faire définitivement le bilan des richesses minières afin de dégager, une fois pour toutes, la physionomie de l'industrialisation.

4° Enfin, le facteur le plus important d'investissement est d'ordre humain; c'est la volonté collective du peuple de servir le pays. L'établissement d'une main-d'œuvre collective d'État n'est possible que s'il n'y a pas de sentiment de frustration. Il faudrait, au préalable, qu'un nivellement judicieux des traitements transformât les postes politiques en postes de travail.

5° Un emprunt sur les fonds d'investissements internationaux, dont il ne faudra jamais exagérer l'importance, au risque de s'illusionner. Il faudra avant tout compter sur soi. Ce qu'on appelle l'aide aux pays sous-développés risque fort bien de servir pendant longtemps encore de moyen de chantage.

C'est ainsi que certains industriels américains influents suggèrent à leur gouvernement de n'aider que les pays sous-développés qui accepteraient de limiter leurs naissances. Il faudrait donc être tout le temps prêts à renoncer à une aide qui risque d'être assortie de conditions inacceptables, même si elles sont discrètes.

D'autre part, l'Afrique doit conquérir et conserver dans une large part son propre marché intérieur, qui est un des plus importants du monde. Un ouvrage spécial devrait être consacré à l'étude de ce marché en vue d'organiser l'économie des Etats africains.

RECHERCHE SCIENTIFIQUE

La recherche fondamentale sera toujours, essentiellement, du ressort de l'Université. Donc, au départ, en toute objectivité, c'est celle-ci qui pourra réclamer à bon escient les fonds nécessaires à la construction d'accélérateurs de haute énergie, par exemple, pour contribuer à élucider le problème de la nature intime des particules élémentaires et le comportement de la matière à ces niveaux élevés d'énergie, etc.

Mais la recherche appliquée doit être partagée le plus tôt possible avec des instituts spécialisés, rattachés à l'Université.

Si nous voulons adapter la nation africaine, dont chacun parle maintenant, aux exigences du monde technique moderne, nous devons la doter, dès sa naissance, des institutions techniques qui garantissent la vie d'une nation moderne.

Il faudra donc créer immédiatement les instituts suivants :

A - Un institut de physique et chimie nucléaires qui sera scindé plus tard s'il le faut.

B - Un institut d'électronique.

C - Un institut aéronautique et astronautique.

D - Un institut de chimie appliquée (synthèse organique, métallurgie, industrie de chimie minérale, etc.) à l'industrie et à l'agriculture.

E - Un institut de biochimie et agronomie tropicale (étude des sols, engrais, extraction de produits végétaux en vue de trouver des débouchés industriels ou pharmaceutiques à certaines plantes).

F - Un institut de la santé, spécialisé dans l'étude des maladies tropicales.

L'Université de Dakar deviendra ainsi un des plus importants centres de formation des cadres africains.

APPENDICE

ORDRES DE GRANDEUR

- Production sidérurgique américaine annuelle : 140 000 000 de tonnes en 1960.

- Une aciérie classique de la capacité d'un million de tonnes annuelles coûte plus de 100 milliards de francs légers.

-Aide de la France à l'ensemble des autres Etats de la Communauté en 1960 : 100 milliards de francs légers.

Or, l'Afrique Noire fédérée doit devenir industriellement et politiquement aussi puissante que l'U.R.S.S. ou les Etats-Unis.

- La production d'énergie électrique des Etats Unis en 1957 : 716 milliards de kWh.

- La production d'énergie électrique de l'U.R.S.S. en 1980 sera, selon les prévisions : 2.300 milliards de kWh.

CONCLUSIONS PRATIQUES

En conclusion, on peut dégager les 15 points essentiels suivants comme principes de base d'une action concrète :

1) Restaurer la conscience de notre unité historique.

2) Travailler à l'unification linguistique à l'échelle territoriale et continentale, une seule langue africaine de culture et de gouvernement devant coiffer toutes les autres; les langues européennes, quelles qu'elles soient, restant ou retombant au niveau de langues vivantes de l'enseignement secondaire.

3) Elever officiellement nos langues nationales au rang de langues de gouvernement servant d'expression au Parlement et pour la rédaction des lois. La langue ne serait plus un obstacle à l'élection d'un député ou d'un mandataire analphabète de souche populaire.

4) Etudier une forme de représentation efficace de l'élément féminin de la nation.

5) Vivre l'unité fédérale africaine. L'unification immédiate de l'Afrique francophone et anglophone, seule, pouvant servir de test. C'est l'unique moyen de faire basculer l'Afrique Noire sur la pente de son destin historique, une fois pour toutes. Attendre en alléguant des motifs secondaires, c'est laisser aux Etats le temps de s'ossifier pour devenir inaptes à la Fédération, comme en Amérique latine.

6) Opposer une fin de non-recevoir à toute idée de création d'Etats blancs, d'où qu'elle vienne et où que ce soit en Afrique Noire.

7) Prendre dans la Constitution les dispositions nécessaires pour qu'il ne puisse pas exister une bourgeoisie industrielle. Prouver ainsi qu'on est réellement socialiste en prévenant l'un des maux fondamentaux du capita-

lisme. Qui pourrait, aujourd'hui, s'opposer décemment à une mesure préventive contre une classe encore inexistante en Afrique ?

8) Créer une puissante industrie d'Etat. Donner le primat à l'industrialisation, au développement et à la mécanisation de l'agriculture.

9) Créer une puissante armée moderne, dotée d'une aviation et d'une forte éducation civique, inapte aux putchs de type latino-américain.

10) Créer les instituts techniques indispensables à un Etat moderne : physique et chimie nucléaires, électronique, aéronautique, chimie appliquée, etc.

11) Réduire les trains de vie et niveler judicieusement les salaires afin de transformer les postes politiques en postes de travail.

12) Organiser en coopératives de production les volontaires possédant des champs contigus, en vue de la mécanisation et de la modernisation de l'agriculture, de la production sur une grande échelle.

13) Créer des fermes modèles d'Etat, pour élargir l'expérience technique et sociale des paysans non encore groupés. La collectivisation à la campagne rencontrera mille fois moins de difficultés chez nous que dans les pays européens, pour toutes les raisons indiquées dans *L'Afrique noire pré-coloniale*.

14) Repeupler l'Afrique à temps.

15) Poursuivre avec conviction une politique de plein emploi afin d'éliminer progressivement la dépendance matérielle de certaines catégories sociales[37].

---

37. Ces 15 points constituaient l'essentiel des programmes du B.M.S. et du F.N.S.

ORIENTATION BIBLIOGRAPHIQUE

ARTICLES DE L'AUTEUR

« Vers une idéologie politique en Afrique Noire », paru dans *La Voix de l'Afrique Noire*, organe des Etudiants du R.D.A., Paris, 1952.

« La lutte en Afrique Noire », dans le même organe, Paris, 1953 (avec la collaboration du Comité Exécutif).

« Alerte sous les Tropiques », *Présence Africaine*, décembre 1955-janvier 1956.

« Apports et perspectives culturels de l'Afrique Noire ». N° spécial *Présence Africaine*. 1er Congrès des Ecrivains et Artistes Noirs. N° spécial VIII-IX-X. Paris, 1956, Tome 1.

« L'Unité culturelle de l'Afrique Noire ». N° spécial *Présence Africaine*. 2° Congrès des Ecrivains et Artistes Noirs, Rome, 1959, Tome 1 (XXIV/XXV).

« Civilisation africaine », *Horizons* (la revue de la paix), juillet-août 1957.

LIVRES DE L'AUTEUR

Nations nègres et culture (1955).
L'Afrique Noire pré-coloniale (1960).
L'unité culturelle de l'Afrique Noire (1960).
Antériorité des civilisations nègres. Mythe ou vérité historique? (1967).

OUVRAGES CONSULTÉS

Ivan Du Jonchay : *Industrialisation de l'Afrique*, Payot, 1953.

Pierre Darnault : *Régime de quelques cours d'eau d'Afrique Orientale et étude de leur utilisation industrielle*, Larose, Paris, 1947.

Lévian : *Aménagement hydraulique*, Dunod.

E. Morice et Chartier : *Méthode statistique, 2e partie. Analyse statistique I.N.S.E.*, Imprimerie Nationale, Paris, 1954.

A. Ioffe : *Les semi-conducteurs et leurs applications*, Editions de langues étrangères, Moscou, 1957.

M. R. Motte, Ingénieur E.S.M.E. : *Les transistors*, Editions Techniques Professionnelles.

F. Florio : *Cours de Moteurs, Fusées*.

Robley D. Evians : *The Atomic Nucleus*, Mc Graw Hill Book Company, Inc., New-York, 1955.

TABLE DES MATIÈRES

Énergie hydraulique - Énergie solaire - Énergie atomique - Énergie thermo-nucléaire - Énergie éolienne - Énergie thermique des mers - Énergie marémotrice - Houille rouge - Énergie thermique des volcans et énergie géothermique

Troisième partie

INDUSTRIALISATION DE L'AFRIQUE NOIRE

CHEIKH ANTA DIOP

L'UNITÉ
CULTURELLE
DE
L'AFRIQUE NOIRE

PRÉSENCE AFRICAINE

ISBN : 978-2-7087-0406-0
Prix : 12,50 €

«J'ai voulu dégager la profonde unité culturelle restée vivace sous des apparences trompeuses d'hétérogénéité.

Seule une véritable connaissance du passé peut entretenir dans la conscience le sentiment d'une continuité historique, indispensable à la consolidation d'un Etat multinational. (...)»

C. A. Diop

ISBN : 978-2-7087-0688-0
Prix : 15,20 €

Les grands thèmes développés dans *Nations nègres et culture*, sont désormais discutés comme des vérités scientifiques, alors qu'à l'époque ces idées paraissaient si révolutionnaires que très peu d'intellectuels africains osaient y adhérer. L'indépendance de l'Afrique, la création d'un Etat Fédéral africain, l'origine africaine et négroïde de l'humanité et de la civilisation, l'origine nègre de la civilisation égypto-nubienne, l'identification des grands courants migratoires et la formation des ethnies africaines, etc., tels sont les thèmes principaux explorés par Cheikh Anta Diop dans *Nations nègres et culture*.

ISBN : 978-2-7087-0394-0
Prix : 28,40 €

Toutes les recherches scientifiques que Cheikh Anta Diop a
menées sur les fondements historiques de la civilisation africaine culminent dans cet ouvrage capital.

CHEIKH ANTA DIOP

ALERTE
SOUS LES TROPIQUES

Articles 1946-1960,

Culture et Développement
en Afrique noire

PRÉSENCE AFRICAINE

ISBN : 2-7087-0548-2
Prix : 13,20 €

Parallèlement à ses livres, Cheikh Anta Diop a publié de nombreux articles. Les textes qu'il a écrits dans diverses revues, entre 1946 et 1960, ont été réunis dans ce volume.

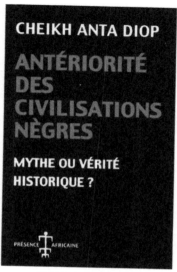

ISBN : 2-7087-0562-8
Prix : 38,50 €

L'égyptologie, pour prendre toute signification en tant que science historique vivante, doit nécessairement renouer avec les civilisations négro-africaines, par-delà le formalisme froid de l'exégèse des textes.

Cette leçon inaugurale de Cheikh Anta Diop est devenue d'ores et déjà le bréviaire de l'égyptologie africaine et afro-américaine.

ISBN : 2-7087-0659-4

Prix : 18,60 €

Cet ouvrage, rédigé en français, anglais, wolof et pulaar, qui regroupe 110 illustrations commentées, témoigne de l'origine africaine de la civilisation égyptienne.

«L'Égypte est africaine dans son écriture, dans sa culture et dans sa manière de penser» (Professeur Jean Vercoutter).

Le professeur Jean Leclant reconnaît à l'Égypte «ce caractère africain dans son tempérament et sa manière de penser».

Concernant la parenté entre les langues africaines et l'égyptien ancien, le professeur Serge Sauneron souligne «L'égyptien ne peut être isolé de son contexte africain et le sémitique ne rend pas compte de sa naissance».

«La parenté en ancien égyptien et en wolof des pronoms suffixes à la troisième personne du singulier ne peut être un accident» (Cheikh Anta Diop).

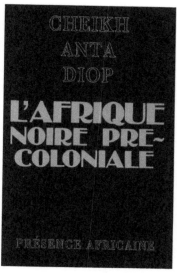

ISBN : 978-2-7087-0479-4
Prix : 12,20 €

Dans cet ouvrage, l'auteur établit une comparaison entre les systèmes politiques et sociaux de l'Europe et de l'Afrique, de l'Antiquité à la formation des Etats modernes.

CHEIKH ANTA DIOP
L'homme et l'œuvre

Présence ☥ Africaine

ISBN : 2-7087-0752-3
Prix : 30,40 €

Qui est Cheikh Anta Diop ? Dans quel contexte et dans quel milieu a-t-il grandi ? Quelle est sa formation ? Quels sont les différents aspects de son oeuvre historique et scientifique, de son combat politique ? Quelles sont les difficultés et oppositions qu'il a rencontrées ? Quels sont les débats qu'ont suscité ses travaux, ses idées et positions politiques ? Telles sont les questions auxquelles ce livre solidement documenté (100 pages d'illustrations et 100 pages d'annexes) apporte des éléments de réponse.

NOTES

NOTES

NOTES

NOTES

NOTES

NOTES

NOTES

NOTES

NOTES

Imprimé en France par
CPI Bussière
en juin 2022
N° d'impression : 2065929
Dépôt légal : janvier 2008